子育てしながら建築を仕事にする

編著
成瀬友梨
成瀬・猪熊建築設計事務所

著
アリソン理恵 teco
勝岡裕貴 リビタ
木下洋介 木下洋介構造設計室
杉野勇太 日本設計
鈴木悠子 三菱地所設計
瀬山真樹夫 R.G DESIGN
栃尾直也 to-ripple
豊田啓介 noiz
永山祐子 永山祐子建築設計
馬場祥子 大和ハウス工業
松島潤平 松島潤平建築設計事務所
萬玉直子 オンデザイン
三井祐介 日建設計
矢野香里 奥村組
吉川史子 横内敏人建築設計事務所

学芸出版社

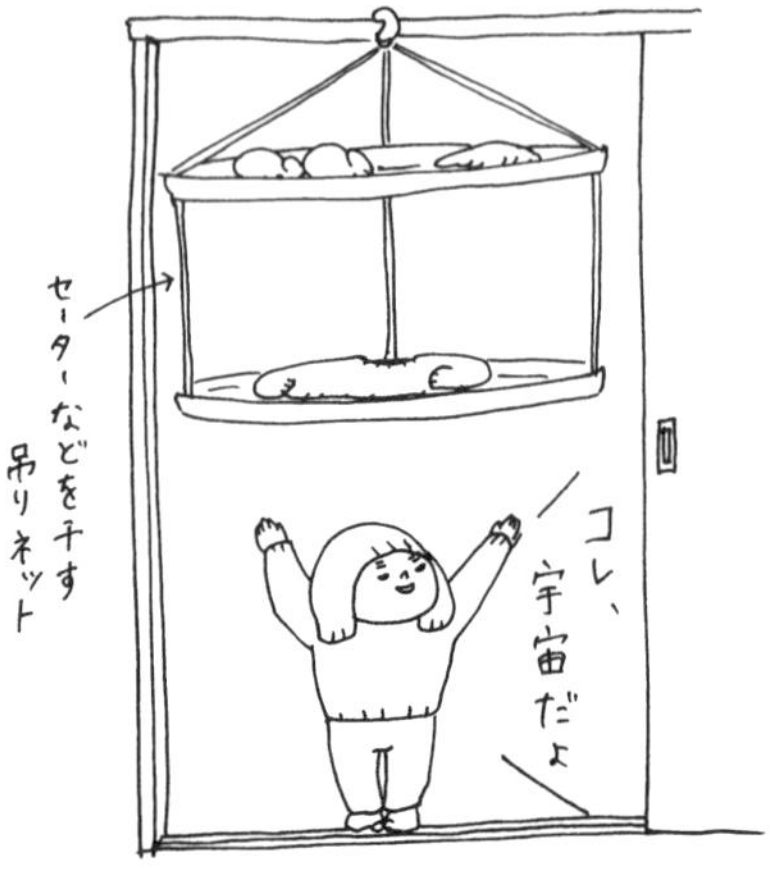
セーターなどを干す
吊りネット
コレ、
宇宙だよ

はじめに

最初に、なぜ私がこの本を企画するに至ったかについて少し書いておきたい。

私は2010年から2017年まで、東京大学工学部建築学科で助教として学生の指導をしていたが、女子学生から「建築の仕事をしながら、子どもを育てる将来が想像できない」という相談をよく受けた。私を見ていると設計事務所でも大学でも働き、子育てもしているなんて、「大変すぎて絶対に真似できない（したくない）と思う」と言われることもあった。

大変そうに見せてしまったのは私の能力によるところが大きいと思うが、これは、建築界にとっても、社会にとっても良くないなと思った。将来があって、才能もある女性たちが、仕事か子育てか、どちらかを選ばなくてはいけないと思いこまされているなんて。そこで、彼女たちが、実際に建築の仕事をしながら子育てをしている人たちの日常を垣間見ることができたら、少しはイメージが湧いて、背中を押すことができるのでは、と考えた。

ただ、女性ばかりが子育てを頑張る本では、結局、女性の負担が強調されて却ってしんどい。頭を悩ませながら、両立している男性も探し始めたところ、思いのほか多く見つかり、結果、執筆者の半数は男性に登場していただいている。男性も女性も子育てをし、働いていく実例を集められたことは、本をつくるうえで大きな励みになった。

「女の人の幸せっていうのは、結婚や子どもを育てることではないと思うの」。母は、小学生の私によくそんな話をした。娘として母親からそう言われてショックを受けつつも、この言葉は私のその後の人生に大きな影響を与えてきた。母は専業主婦だった。結婚を機に仕事を辞めて家庭に入ったが、家事や育児を全て担当しているにもかかわらず、負い目を感じていたという。男の人に頼らずに、とにかく自立しなくては、そうしなくては幸せにはなれないんだ、という強迫観念にかられて、私は建築家を志すよりもずっと早くから、仕事をして、1人で生きていける人になろうと思い続けてきた。結婚や家族をもつことは憧れどころか、面倒なことすら思っていたように記憶している。

そんな私が縁あって結婚をし、子どもまで育てているのだから、人生とは本当に予測不能だ。自分の時間がここまで減るのか、とげんなりすることもあるが、日々成長する人と生活をともにする生き生きとした暮らしは、面白い。何事も思い通りにいかないのが人生と割り切って、それぞれに楽しむのが良い、と最近思い至るようになった。

本書は、悩める女子学生だけでなく、これから結婚して子どもをもとうとしている社会人（男女とも）、彼らの上司に向けた本である。働き方も仕事の内容も様々な16名の、様々な工夫や苦労に満ちたサバイバルの日々を共有することで、一歩踏み出す勇気につながったり、職場で困っている部下や同僚への優しい気持ちにつながったり、あるいは直接的に仕事と子育てを両立するヒントが見つかったり、そんな前向きな動きを起こすきっかけになれば幸いだ。

２０１８年1月

成瀬友梨

目次

子育てしながら建築を仕事にする

3 はじめに ― 成瀬友梨
9 家族とともに生きる毎日 ― 三井祐介 ㈱日建設計
21 ワーママ1年目の日常 ― 萬玉直子 オンデザイン
35 もう一つの人生に関わる喜び ― 杉野勇太 ㈱日本設計
53 迷惑をかけあいながら、ともに生き生きと ― アリソン理恵 teco
69 コントロールできない世界の面白さ ― 豊田啓介 noiz
85 1人目、2人目、3人目、おおらかに変化してきた8年間 ― 馬場祥子 大和ハウス工業㈱
99 子どもが生まれて変わった、私の思考回路 ― 勝岡裕貴 ㈱リビタ
117 仕事も子育ても発見の連続 ― 鈴木悠子 ㈱三菱地所設計

131 ある構造設計者の日常 自分の判断でどう生きるか=働くかを選択する ― 木下洋介 木下洋介構造設計室
145 両立は筋トレのように ― 永山祐子 永山祐子建築設計
161 子どものいる「あたりまえ」 ― 瀬山真樹夫 R.G DESIGN
173 自立するというプレッシャーから解放されて ― 成瀬友梨 成瀬・猪熊建築設計事務所
189 仕事も子育てもシームレスに考える ― 杤尾直也 ㈱to-ripple
203 私が選んだ総合建設業（ゼネコン）という職場で ― 矢野香里 ㈱奥村組
217 三つ子と松島事務所、あるいは松島保育園 ― 松島潤平 松島潤平建築設計事務所
231 普通のことを普通に願えるように ― 吉川史子 ㈲横内敏人建築設計事務所
247 おわりに ― 成瀬友梨

ママ、こうやってて
くれる？
このポーズ
してね。
あ、パパ
もね。
コマリちゃん、うんどうかいの
れんしゅうしたいから。

家族とともに生きる毎日

三井《みつい》祐介《ゆうすけ》

㈱日建設計

▶TL

- 1977　愛知県生まれ
- 27歳　㈱日建設計入社
- 31歳　結婚
- 34歳　第一子誕生
- 37歳　第二子誕生

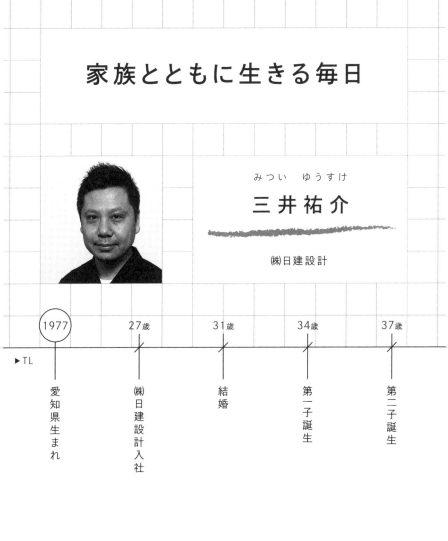

「イクメン」問題

この本の企画にお声がけいただいたのは、どうやら「イクメン」枠のようだった。しかし常々、子育てにどう関わっているかと聞かれそれに答えると「イクメンですね」と言われることに、そうじゃないんです、そんなつもりはないんです、と違和感を伝えたくなるものの、面倒なので「どうなんでしょうね」などと返すことが多かった。

現在、多くの父親にとって、子育てをすることは「参加」するものではなく、そういう生活が、あたりまえの日常になっているのではないだろうか。少なくとも僕の友人知人たちは（社内外問わず）そうだし、なんとか折り合いをつけて建築をする、家族とともに毎日を生きる、ということに、人それぞれのやり方で取り組んでいる。子育てが「参加」するもの、オプションであることが暗に前提になっている「イクメン」にモヤモヤするのはそのためだ。だが、いざ父親が「子育てと仕事」について書こうものなら、ママたちを「それだけでやったつもりになっているのか」等々と敵に回し、男性からは「イクメンアピール必至だね」等々と揶揄され、炎上しているのをウェブメディアでは見かける（僕のこれもそうなる可能性がある）。

でも一方で、男性は仕事を効率良くこなしながら子育ても頑張る「イクメン」として、女性は仕事で自己実現もしながら子育てを両立する「キラキラママ」として生きる、そういう「親像」を求める空気感は将来的に家族を持ち仕事をしたい若い人たちにとって、ハードルが高すぎるなあと思う。それともう一つ、パートナーの呼称も何かと議論を呼ぶものだ。僕の素敵なパートナーのことを、ここでは妻と呼ぶ。こんな断りやイクメンという言葉も、そのうち過去のものとなるだろう。

典型的な日常

僕は建築の設計の仕事をしている会社員である。朝7時前には僕が最初に起床し、家族の朝食を用意しながら、その日子どもたちが着る服や次男の保育園の支度、前夜の洗い物などがあればそれを片付ける。妻と子どもたちを起こし、彼らが食事している間に急いで自分の支度をし、8時過ぎに長男を小学校に送り出す。その後に今度は次男

〈ホソカワミクロン新東京事業所〉にて。設計した建築の中に自分の子どもがいるというのは、毎度ニヤけてしまう瞬間（所在地：千葉県柏市、撮影：三井祐子）

と保育園に行き、9時に出社、というのが現在の典型的な平日の朝である。

　早朝出社して仕事をすることに憧れるが、保育園も小学校も開始時刻がある中、夫婦で協力してなんとか「家を出る」毎日なのでそれは難しい。もちろん、2人とも保育園に通っていた時はまた違っていたし、出張などでどちらかが早く出なければならない場合もある。どこの家庭でもそうだと思うが、朝起きたら子どもに熱がある！　という状況に対しては、以前は僕の実家の母に毎日6時に起きてもらい、いざとなったら1時間半かけて9時過ぎに来てもらう体制を敷いていた。現在はどちらかが午前休をとり、もう1人が午後休をとってバトンタッチするか、母に来てもらうようにしている。

　お迎え当番の日は事務所を18時に出て、学童と保育園で順番に子どもたちをピックアップし、買物をして帰宅すると19時半。そこから30分以内で夕食を作る。さて、2人とも保育園に通っていた時はここまでくればほぼ終了、あとは一緒に風呂に入って絵本を読んだりしながら寝かしつけていれば良かった。しかしいまは長男が宿題や勉強に取り組む時間、眠い目を擦るのを励ましたりなだめたりしながらテーブルに向き合い、もう22時だ！　寝なきゃ！　の掛け声とともに寝室へ。寝かしつけながら、子どもたちが寝た後にアレを片付けるぞ、などと思っていても、温もりとまどろみの中で寝落ちしたことに気が付き、罪悪感と幸福感の狭間でそのまま朝を迎えるのは、どこのご家庭でも同じではないだろうか。

　妻がお迎え当番の日でも、20～22時の間には退社するようにしている。おやすみを言いたいし、喜ぶ顔が見たい。でも先輩たちによると、子どもたちの嬉しい反応もあと数年だよ、とのこと…。いまから寂しい。

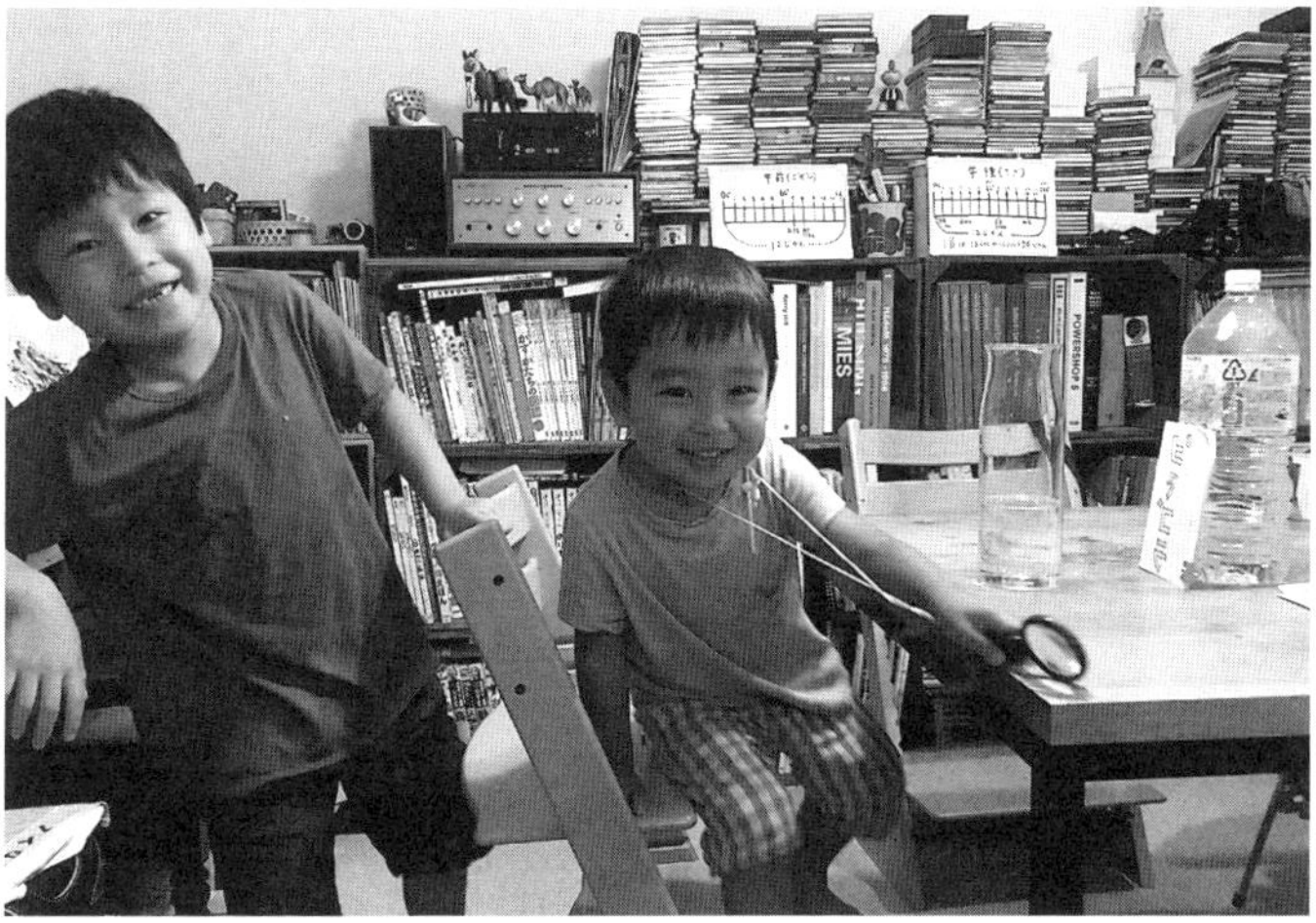

家族４人、仕事・遊び・勉強は全てダイニングテーブルでする。建築やアートの本と子どもたちの図鑑なども同じ本棚に

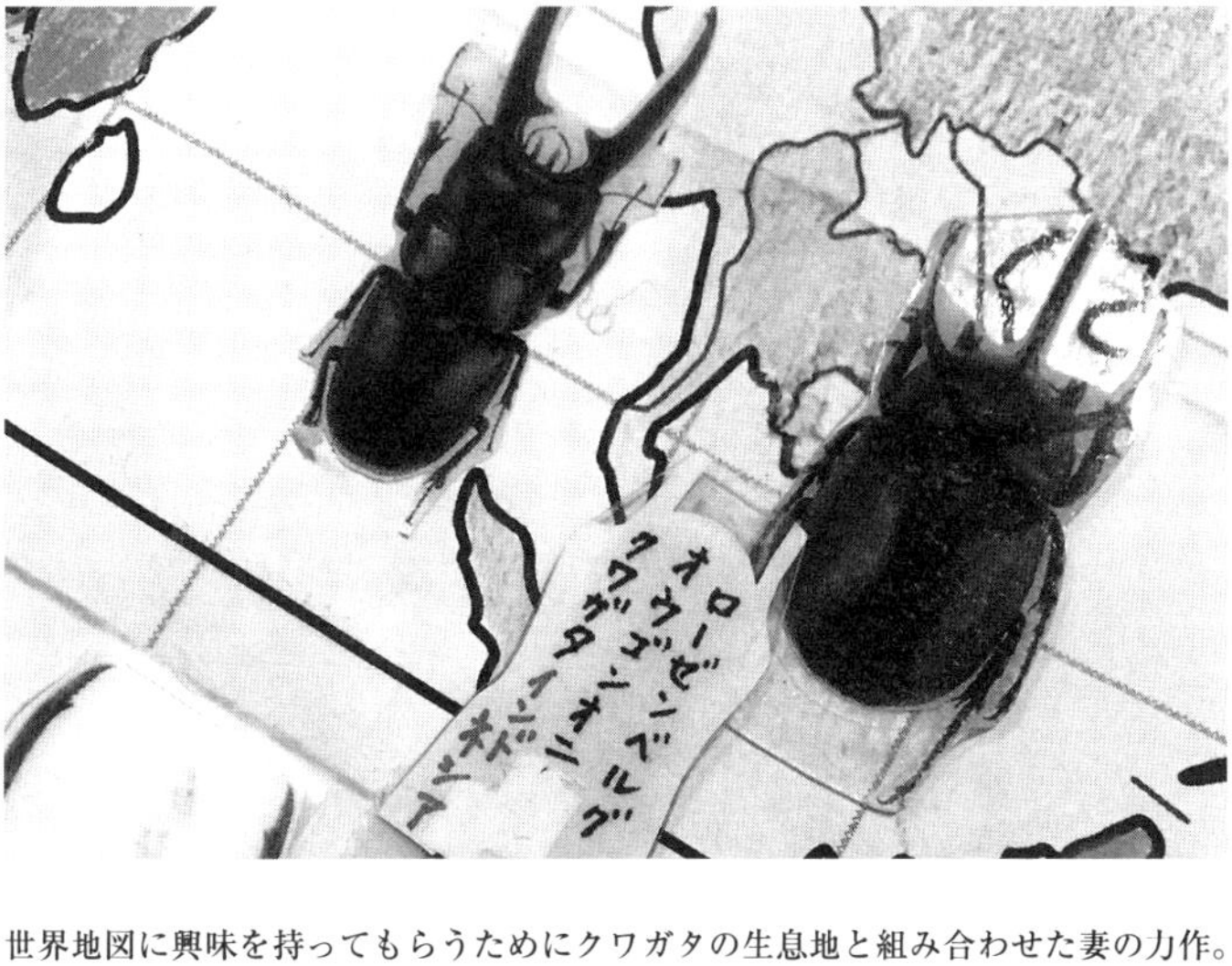

世界地図に興味を持ってもらうためにクワガタの生息地と組み合わせた妻の力作。アリすらNGだった虫嫌いの妻も、僕たちがいろいろ飼育するうちに寛容に（あるいは諦めたか…）

夫婦の役割分担

妻は僕と同い年で、不動産会社に勤めているのだが、それなりに、というか、かなり忙しい（この原稿も彼女が書くほうが相応しいと思う）。仕事と子育てに加え、高齢の両親のサポートもあるため、仕事後や休日、週に2~3回の実家への往復もこなしている。僕と同じ大学、同じ建築学科出身であり、僕は本来的に妻のキャリアや自己実現に自分と同等のプライオリティを持っているので、子育てを含めた生活を送るうえでのタスクを分担することは当然だと考えている。ただどうしても日常的には僕よりも妻の仕事量が少なくなってしまう状況であり、特に長男が小学校に通い始めた今年からは負担が非対称になりつつある。これは主に専業主婦を含む「ママ友」が情報とコミュニティの中心になることが理由であり、なかなか難しい問題。日々のお互いのスケジュールについては、スケジュール管理アプリに、家族に関するありとあらゆる予定とトピックを入れて共有している。小学校の連絡プリントもスマホのカメラで撮影してアップしているので、家で会話による調整が必要なトピックは、事前にアジェンダを配布しておいた打ち合わせのような感じである。

家事に関しては妻とは役割を分けておらず、気が付いたほうがやる、というスタンスだが、現在はどちらかというと掃除や料理といった家事を僕がやってしまうことが多い。一方妻は、子どもたちの学習に多くの時間を割いており、買うと高価な教材を夜中に自作したり、プリントを用意したり、自然科学系の実験を準備したりと、子どもたちの自発的・自律的な学習を促すために時間を惜しまない。これは僕には真似できないし、とても感謝している。子育ては仕事と同じで、得意不得意、興味の方向がそれぞれだと思う。そう考えると、僕たちがお互いなんとなく気を付けているのは、パートナーに「こうあるべき」と求めないことかもしれない。

日建設計の「時間デザイン」

僕が勤めている日建設計では、昨年から「時間デザイン制度」というものが導入され、これまで以上に「働く時間」を自分でデザイ

〈灘中学校・高等学校〉の新校舎＋耐震改修の設計中、中庭にカイの木を植えることになった。「楷」が前年に常用漢字になったばかりだと分かり、2か月後に生まれてくる長男の名前に採用（所在地：兵庫県神戸市）

ンする環境に変わりつつある。社外のシェアオフィスや在宅勤務といった働く場所だけでなく、コアタイム以外の時間の使い方もフレキシブルに「デザイン」することができる。プロジェクトチーフやチームメンバーとスケジュールやタスクのシェアができていることが前提だが、介護や子育てをしながら働くことへの意識のハードルが下がり、同時に時間内に効率良く成果を出す意識が浸透してきている。長時間の労働や比較検討の多さが評価される環境は、僕のまわりにはもうない。また、出産直後に、あるいはパートナーが仕事復帰するタイミングで、長期短期とも男性の育休取得もこの数年で特別なことではなくなった。

このような状況の変化は、全体としては組織の大きさからくる冗長性によるところが大きいものの、数人のチーム単位で複数のプロジェクトを回していく日常はアトリエ事務所と似たところがあり、属人的なトライアルの日常的な積み重ねが、成果につながっていると感じる。

仕事のシェア、働き方の共有

僕は建築の意匠設計が仕事であり、大小のオフィス、学校、商業施設、図書館、研究所、集合住宅、工場、宗教施設等々、これまで様々なタイプのプロジェクトに関わることができた。現在も、商業施設や公園、駅、オフィス、大規模な再開発やそれらのコンサルなど、10プロジェクト程度に関わっている。計画・コンサル段階のものを1人で対応しながら、設計段階のものは規模に応じてチームで取り組む。日建

長男が生まれた翌年2012年に竣工した〈東京スカイツリータウン〉。3.11の震災時は現場にいたため、自宅まで4時間かけて徒歩で帰宅した。生後1か月未満だった子どもと妻が心配で…（所在地：東京都墨田区）

設計の組織は、10～20人程度の「部」が基本単位になっており、部長が部員の仕事量や仕事内容などを把握し評価するマネージャー役を担う。一方で、個々のプロジェクトのチーフも部長が務めるのだが、プロジェクトのメンバーは必ずしも部員ではなく、適材適所、その時の仕事量や経験に応じて、他部を含めたアサインが行われる。その結果、例えば僕の場合は担当プロジェクトのチーフが全て別々だったりするし、自分の部長と仕事をしたことがないという人もいる。このような組織体制なので、チーム単位での仕事情報や成果の共有だけでなく、個人の「働き方」の理解と共有が重要となる。

では具体的にどうしているかというと別に難しいことではなく、チームのスケジュールをオープンにすること、作業内容や打ち合わせ内容をすぐに共有すること、よく話すこと、そして何より、お迎えのために早く帰ったり、子どもに風邪をうつされたり、雨の日は出社に時間がかかったりすることが、自分の働き方のベースにあることをみんなに伝え、それが普通のことだという環境にすることだ。チームの父親どうしで「子どもが風邪でＡＭの打合せ欠席ごめん」「保育園から発熱お迎えコールなので直帰します」などのメッセージは日常的になったし、早くに事務所を出る申し訳なさはあっても、後ろめたさはなくなった。

でも、以前からこうだったわけではない。僕が入社した頃は子どものお迎えで帰る男性はいなかったし、土日の出社も当たり前だった。子どもがいながらバリバリ働く数人の先輩女性社員をみて、すごいなぁという感想しか持てない想像力のなさだった。そして同じような状況に、まだ多くの働く母親、あるいは働きたい女性が置かれているのだということに、働く母としての妻と一緒に生活することでようやく気が付いたのだった。情けないことに。

しかし、「お迎えなのでお先に～」と帰る先輩社員や、早く美味しく作れるレシピを教えあったりする父親である僕たちをみて、これから親になる社員もそれが普通だと思うだろう。そうやって少しずつ、仕事をしながら、父親が子育てに「参加」することから、「親として生きる」という認識と想像力が育っていくのではないだろうか。

親として生きる、ということ

学生の時は、建築を勉強して、働いて、結婚して、くらいまでのイメージはなんとなくあった。しかし子どもが生まれて、人生にはまだこんなボーナスステージがあったのか！　と本当にびっくりした。なぜ建築というハードな仕事をしながら、なんとか頑張って子育てと両立しようとするのか。それは建築の仕事も楽しいし、子どもと生きることもこの上なく楽しいからである。

子どもをつくるメリットは何か？　と聞かれたことがある。メリットも何も、一言でいえば「かわいい」。これに尽きる。だがかくいう僕も、自分の子どもが生まれて初めて、他人の子どもがかわいいと思えるようになった。これは、彼らを自

コンペの模型の納品に立ち会い、それっぽい視線を送る長男。仕事で事務所に子どもを連れて行ったことは、休日にやむを得ず数回ある

分の子どもたちの過去と未来の成長の一断面として見ることができるようになったからだし、さらになんとなく、「あの子は僕の子どもだったかもしれない」という可能性を愛することでもあるな、と思う。そのように、子どもは偶然の存在であって必然ではない、と考えられるようになったおかげで、以前より僕は世界に対して寛容になった気がする。目の前にいる他人も誰かの子どもだし、悲惨な毎日を生き抜く異国の子どもたちにも親がいる、そう思うだけで、いろいろな物事にシンパシーを抱けるし、僕の中の「他者」のハードルが下がり、生きやすくなった。そう、以前の僕は、「親として生きる」という想像力がなかったのだが、子育てしながら働いている人たちが周りにいることで、僕は世界をより豊かなものとして意識できるようになったのだ。

ワーママ1年目の日常

萬玉直子《まんぎょくなおこ》

オンデザイン

▶TL

1985
大阪府生まれ

24歳
オンデザイン入社

30歳
オンデザイン・パートナーチーフ着任
結婚

31歳
第一子出産

私のタイムテーブル

私の1日は、ほぼ息子の起きるタイミングで開始する。1歳になったばかりの息子は、今朝は5時過ぎに起きてしまい、私はボーっとしたまま、ベッドの上でしばらく彼と遊んだ。布団の中で「いないいないばあ」をしていると、やがて頭が冴えてきて、今度は今日の仕事の気がかりな点がむくむくと頭に湧いてくる。6時頃、ようやくベッドから出て、リビングに移動。息子が絵本や積木で遊び始めると、私は顔を洗って朝食の準備をする（準備といっても、毎朝、パンとヨーグルトとバナナという固定メニューなので楽なのだけれど）。6時半にはEテレをつけて夫と息子と家族みんなでラジオ体操をした後、朝ごはんだ。息子は手づかみでパンを食べ、私にサポートされながらフォークでバナナを食べ、ヨーグルトはスプーンで私が食べさせる。傍らで私がパンを食べて、夫がコーヒーを飲む。互いの仕事の話や、家事・育児の連絡などを行いながら7時過ぎに朝ごはんを終了。夫は一足先に会社へ、息子は再び遊び始めるので、私はその間に後片付けと自分の準備、息子のうんちを処理して、着替えさせ、保育園の連絡ノートを書いて、ルンバのスイッチをオンに。8時にようやく家を出るのだが、この時点で既に疲弊している。

保育園は家から徒歩5分で、抱っこ紐で息子を抱えてせっせと歩いて向かう。保育園に着くと、息子はすぐに先生や友達と遊び始めるので、愚図られた経験はない。園を出ると、ホッとすると同時に、いよいよ頭

毎朝８時に家を出発。9kg の息子と、登園バッグと、ノートパソコンの入った自分のかばんを抱えている

が仕事モードに。片道1時間の通勤時間は、メール返信や原稿チェック、息子のおむつ・ミルクのネット注文、時にはＳＮＳなど自分の時間に充てることもある。事務所に到着すると、打合せや作業が分刻みで過ぎていく。束の間のランチタイムは毎日の楽しみだが、あっという間に17時が来ると帰りの電車に飛び乗り、18時のお迎えに向かわなければならない。園で待つ息子が私の顔を見つけて満面の笑みで迎えてくれると、一気に気持ちが暖かくなる。帰宅後は、息子の遊び相手をしながら（ほぼテレビに頼っているが）、夕飯やお風呂の用意。ご飯を食べて、お風呂に入って、暴れる息子を抑えながら歯磨きをし、少し絵本を読んで遊んで、20時頃に寝室に移動すると、すぐに寝てくれる。このタイミングで私も寝落ちすることもあるが、たいていは後片付けと洗濯、翌日の用意を済ませる。時には、仕事をすることも

ある。そして24時までには就寝。このリズムを基本としながら日々たくさんの出来事に振り回されている。

スタッフの背中を押してくれる職場

私は今、西田司さん率いるオンデザインという設計事務所に所属している。大学院卒業後の2010年に入社し、7年が経った。入社当時は、ここまで長く在籍するとは正直思っていなかった。設計事務所はボスの下で数年間、集中して技術を習得し建築の考えを盗んで、巣立っていくものだと思っていたし、ハードな職場環境だろうから長くは続かないだろうと思っていたからだ。

しかし、実際オンデザインに足を踏み入れてみると、違っていた。当時オンデザインでは、設計スタイルをパートナー制へシフトしていく過渡期で、ボスの西田さんと担当者がフラットに議論を交わして設計を進めていた。言われたことをこなす働き方ではなく、自分自身もボールを持ち、ボスとパスをつなぎながらゴールに向かうスタイルだ。自らプロジェクト全体の方向性や可能性を延ばすことを考えるので、主体性や責任感を持てると同時に、自分の実感がプロジェクトに投影される。当初は自信が持てずに試行錯誤した時期もあったが、予定調和ではなく、見えないゴールに向かう面白さを知ると、建築が楽しいと思えた。作品も働き方もルーティンワークではなく、毎回テーマを持って取り組むことができる。8年間で約50プロジェクトに関わってきたが、一つも同じ条件のものがない。そんな設計環境が楽しくて、気がつ

現在進行中のプロジェクトの模型を囲んでチームメンバーでプランを検討中

けば7年も経っているのである。

もう一つ長く働ける環境を挙げるとしたら、オンデザインは子育てをしながら働くことに対して肯定的だったことがある。私が入社したタイミングで、佐治由美さんという女性スタッフが2人目のお子さんの育休から復帰された。当初から、時短勤務という限られた時間で集中して仕事をするパフォーマンス力と、お子さんの成長に伴って働き方を柔軟にチューニング（週に数日、自宅勤務日を導入したりなど）していく佐治さんを横目でみていた。佐治さん以降も、澤井紗耶加さんという女性スタッフは3人のお子さんを育てながらフルタイムで働き、梁井理恵さんや西澤正子さんという女性スタッフは旦那さんの転勤で一度はオンデザインを離れたが、出産後にワーママとして戻り、時短勤務や週数日出勤など家庭の状況にあった働き方をしている。もちろん男性スタッフにも、子育て中の人がいて、ここは絶対！　という家族行事などは、きちんと社内スケジュールで共有されている。西田さん自身にもお子さんが3人いる。事務所のイベント時は、それぞれが家族を連れてきて、家族へは仕事環境を紹介し、事務所へは家族を紹介して、少しプライベートも巻き込むことで理解を得やすい状況が生まれている。

そもそも、子育ての有無に関わらず、個人個人の働き方を尊重する点もオンデザインの特長かもしれない。二拠点居住を始めようとするスタッフには遠隔地での勤務が認められたり、個人事務所主宰と併行して在籍しているスタッフもいる。個人のインプットのために1年に一度、5連休をとる「研修休暇」制度や、仕事時間の数割を個人プロジェクトの時間に充ててよい「自由研究」制度など、制度化しているものもある。これらは、私の入社時にはなかったが、時代の変化や、個人個人の状況にあわせて柔軟につくられていった。

次のステップへ向かうよう、スタッフの背中を押してくれる環境（西田さんの考えに依るところが大半だが）だったので、職場環境がネックで将来の何かを断念することは、恵まれたことに一切なかった。

働き方に意識を向けた妊娠期

とはいえ、出産を経て働き方やプロジェクトでの役割は激変している。以前はプライベートな時間を投げ打って仕事をしていた。とりわけ出産前年は、事務所をあげてコンペに精力的に取り組んでいた時期で、私が担当することが多く、長期的なプロジェクトに加えて短期決戦のコンペが続き、遠方出張も月一くらいのペースであり、入社以来一番の忙しさだった。妊娠がわかったのも、あるコンペの提出1週間前というタイミングだった。西田さんには「おめでとう」と受け止めていただくと同時に、「体調に無理ない範囲でよろしく！」とのことで、この時は残り1週間を乗り切った。ただ、いよいよ働き方を考え直そうと思っても、働く時間を減らす＝プロジェクト数を減らす＝仕事の枠を狭めることしか思い浮かばず、モヤモヤとするばかりだった。

同じ時期、西田さんから事務所の組織を構造化したいという話を受けた。スタッフやプロジェクト数が増えてきたため、私を含む数名のスタッフに役職のようなものを担ってほしいというのだ。これから産休に入ろうとしているスタッフとしては何とも驚きだった。

そんな流れで２０１６年、出産の半年前に、私はオンデザインでチーフを命じられた。そこからは、プロジェクトは、１人で黙々と作業をして西田さんと議論をするパートナー制から、チームメンバーで役割分担して細やかに議論を積み重ねるチーム制で取り組むスタイルにシフトした。私自身が作業に手を動かす時間が減った分、コミュニケーションに時間を使った。すると、議論の幅が広がり、プロジェクトも少し俯瞰して見ることができるようになった。何より、自分よりも若い世代との議論が新鮮だったり、先輩スタッフの知識や技術に触れることで私自身が鼓舞される。そんな環境で建築を考えることは、提案内容にも可能性が広がる。話を持ちかけられた当時は気づかなかったが、こういう関わり方もあったのだ。

妊娠中に勝った母校のコンペ

妊娠中の仕事で一番印象に残るのが、私の母校である神奈川大学の新国際学生寮設計者選定プロポーザルだ。やりたい気持ちは溢れんばかりにあった。しかし、このプロポーザルは卒業生である私が応募者となる内容のものだった。当然竣工までの数年間は設計者として前面に出ることが前提となる。出産・育児という未知の経験を控えていたし、今回ばかりは無理だ、諦めよう考えていたら、西田さんから「やろうよ！」と返ってきた。「え、まじ⁉」と驚いたが、事務所が応援してくれる環境にあるなら、チャレンジしようと決心した。そして、決心したからには、良いものを提案して選ばれるんだと、覚悟して挑んだ。

幸い私は健康妊婦だったので、提出までの期間はガッツリとスタディができたし、2次審査のプレゼン前も練習時間をたっぷりとれた。それでもやっぱり自分1人の力では到底なく、チームメンバーが居たからこそ納得のいく提案がつくれた。この時は、普段からよく議論をしてきた後輩の神永侑子さんと西田幸平君に図面や模型での検討を主体的に進めてもらった。私自身が手を動かせる時間は限られるが、興味や癖がわかる彼らだからこそ信頼できるし、議論しながら提案ができていく過程が楽しい。事務所の主任である岩崎修さんからは、知識や実績の異なる角度から鋭い意見を投げてもらい提案の精度をあげていく。

〈隠岐國学習センター〉東京から片道7時間の離島に2015年に完成した地域の学習塾。築100年の民家を改修してひらかれた学び場となっている
（所在地：島根県隠岐郡海士町、撮影：鳥村鋼一）

神奈川大学新国際学生寮コンペ応募案〈まちのような国際学生寮〉国内外の学生200人が集まって住む。1～4階の吹き抜け空間にシェアスペースを点在させて、使い手の選択性が高い、多中心なシェアハウス（撮影：鳥村鋼一）

こうして提案した〈まちのような国際学生寮〉は、設計者に選定され、事務所としても私自身にとっても大きな次のステップとなった。その後、ほぼ全てのプロジェクトは産休前までに引継ぎを終えたが、このプロジェクトだけは継続して進めていた。臨月直前まで打合せに出席し、出産前夜まで仕事のメール対応をしていた私は、出産後もこんな感じで仕事をしながら育児をするのかな…、と楽観的に捉えていた。

初めての育児と復帰への道のり

しかし、現実は違っていた。まず出産後、我が子を抱いてとにかく言葉にならないくらいの幸福感でいっぱいだった。同時に、体力的なしんどさと生まれたばかりの命を育てていく緊張感がずっと抜けなかった。昼も夜も関係なく続く、授乳とオムツ替えの繰り返しのなかで、仕事のメールを確認しつつ、復帰と保育園（渋谷区在住なので激戦区）のことも考える。正直、無理だった。結局、産後2ケ月半きちんと休暇をとり、その期間のプロジェクトはチームメンバーに託すことにした。

初めての育児は右も左もわからない。着せるもの一つとっても、これだと寒いのかな？　暑いのかな？　抱っこ紐は苦しくないかな？　など、いちいち気になる。あまりにも分かわからないことが多すぎて、今、自分自身が子育てを楽しんでいるのか、苦しんでいるのかもわからなくなり、とにかく1日が無事に終わるたびにホッとしていた。この時期は、帰宅後の夫との会話や、同じ時期に出産した友人とのＬＩＮＥ

に多分に救われた。

産後2ケ月半ほど経ち、少しずつ育児にも慣れ、体力も回復してきた頃、息子を保育所へ預け始めた。打合せのある日時に限定した週数日・数時間から始めて、徐々に保育時間と私の仕事時間を増やしていくことで、私も息子も無理なくそれぞれの環境に馴染むことができた。

いよいよワーママ1年目

そうして迎えた本格復帰の4月、息子は生後7ケ月を迎えようとしていた。本格復帰後は、神奈川大学のプロジェクトに加えていくつか新しいプロジェクトもスタートした。1日7時間という限られた時間のなかで、プロジェクトを進めていく。半年以上経った現在も、とにかく試行錯誤の連続

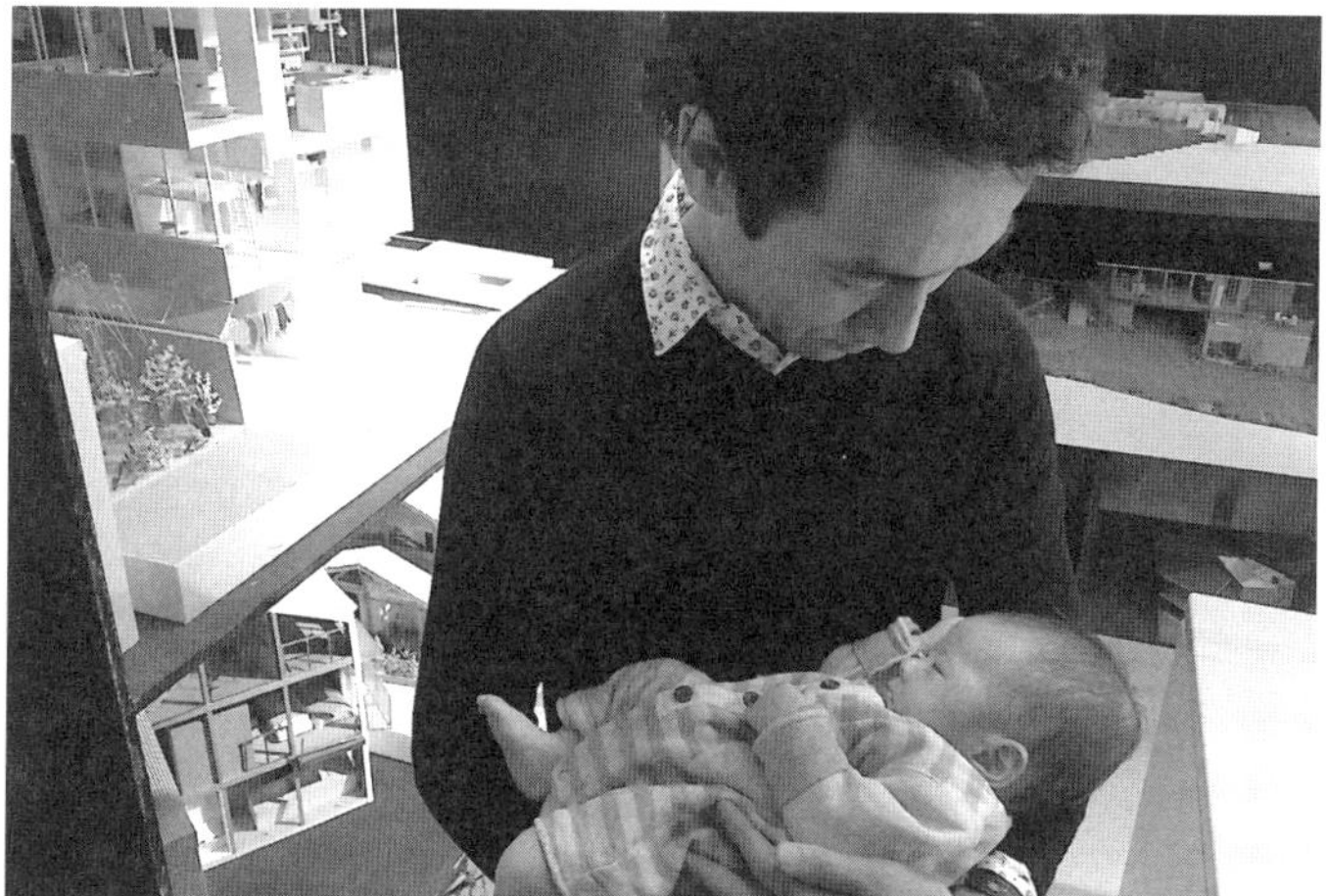

復帰前の挨拶。ボスの西田さんに息子を抱っこしてもらう。さすが3児の父でとても慣れた手つきだった

休日に近所のスタバで原稿執筆

だ。復帰当初は、育児も仕事も家事もいっぱいいっぱいで、夫に当たり散らしたりしたことも正直少なくない。まだまだ、トライアンドエラーばかりだが、特に難しく、意識して気を付けていることを三つ挙げてみる。

①小まめでラフなコミュニケーション

保育園の送り迎えがあるので、どうしても事務所の滞在時間が限られる。各プロジェクトごとに違うメンバーと意思疎通を図り、スケジュールにも乗せることを考えると、正直予定された会議だけでは物足りなさが残る。なるべく気軽に連絡を取り合えるようにｓｌａｃｋを導入した。チャットのように会話ができてデータもシェアできるので、電車での移動中や、息子を寝かしつけしながら確認もできる。コミュニケーションツールについては、どんどん開拓していきたい。

②イレギュラーな事態への備え

我が家の場合、基本的には平日の子育て（保育園への送り迎えなど）担当は私になっている。夫はゼネコン設計部勤め（彼もまた子育てしながら建築を仕事にしている）のハードワーカーなので、固定で何かを役割分担することが難しい。とは言え、息子が登園不可の場合や、私が早朝や夜に打合せが入る場合もある。実家が遠方なこともあり、その場合は、その都度夫にバトンタッチしてなんとかやりくりしている。土日に仕事が入るときも、夫に育児をお願いして出社している。最近、近所にできた病児保育を利用するようになり、少しずつ外部サポートを開拓中である。

③インプットの時間

出産前は、展覧会や内覧会、遠方の建築、映画や演劇など興味のあるものは観に行くようにしていたが、今は思うように出かけられない。建築の仕事は常にインプットとアウトプットの繰り返しだと思うのだが、このインプットが今一番の課題かもしれない。一方で、出産前にはなかった休日の楽しみもある。最近は休日に朝ごはんを家族揃って近所に食べに行ったり、公園で食べたりする時間がとてもリフレッシュできる。夫は本当に息子と仲が良くて休日は私よりも触れ合いの時間が多いかもしれない。

子育ても建築も楽しめるように

本当に悩みは尽きないけれど、それでも子育てをしながら建築の仕事を続けているのは、どちらにも楽しくてワクワクすることがあるからだと思う。子どもがハイハイをしたり絵本を読んで笑ったりすると無条件に幸せな気持ちなる。建築も一歩一歩、着実に進んだ先にモノとして建ち上がる瞬間は本当に感動的だ。両立は本当に大変だが、「大変だから両立できない」とクローズアップされるのはもったいないように感じる。自分1人の問題ではなく、家族や職場という身近な環境を大切にして丁寧につくっていくことで、子育ても建築もひっくるめた、1人のライクワークバランスが実現する未来であってほしい。

実際、子育ても仕事もどこまでいけば両立成功なのか、答えはないと思う。復帰当初は、どちらも100%できないことを悩んだ時期もあった。仕事は時間がくれば切り上げなければならないし、突然休むこともある。一方、育児は育児で、「毎日同じメニューでいいのかな」「ほとんど寝顔しかみていないな」と思う。だけど、ある時、子育てと仕事を足して100%になればいいんだと思うようになった。足して100%で無事に1日が終わればとりあえず良かったと思おうと。日々の積み重ねで、今日よりも明日というふうに、少しずつ、子育てと建築を楽しめるように、息子と夫と一緒に成長していきたい。

もう一つの人生に関わる喜び

すぎの　ゆうた
杉野勇太

㈱日本設計

1984
26歳
29歳
31歳
▶TL

愛知県生まれ

㈱日本設計入社

結婚

第一子誕生

遡上入社とその前後

2011年3月に京都で学生生活を終え、東日本大震災の直後で人々が東京を離れていく大きな流れを遡上するように上京して建築設計（意匠設計）の職に就いた。入社して3年目に結婚し、翌年生まれた息子はみるみる成長して現在3歳である。

主に、都内を中心に大学施設や研究施設、市街地再開発（集合住宅、商業、保育所の複合）、海外ではタイでのプロジェクトにこれまで携わってきた。現在は都内の新たな大規模開発の一端を担当している。過去にも類を見ない大規模な開発で用途も多数共存するプロジェクトのため関係者も多く、巨大な鉄球を引っ張るような心持ちで設計を進めている。入社5年を過ぎても一向に要領を得なかった私が、ある程度自分なりに確証を持って発言しながら仕事ができるようになってきたのはここ1、2年のことである。

入社と同時に池袋と飯田橋の中間あたりで（のちの妻を含めた）友人5人で一軒家を借りてシェアハウスをしていたが、賃貸契約が満了となり我々夫婦は私の職場（新宿）から2駅のところに住み始めた。妻は結婚前から現在も築地の近くの病院で放射線技師として勤務している。朝は早く、残業はない。本来共働きである以上、互いの職場の中間に住まうのが合理的であるが、当時の私の帰りは妻がげんなりするほど遅かった。そこで協議の結果、妻は長い通勤時間を許容して私の職場の近くに住み、できるだけ夫が早

鉢植えの水やりは息子の仕事

く帰宅できる方を選択するに至った。

学生・独身時代は正直、子どもをもつということがどういうことか、子どものいる生活がどんな1日なのか、具体的に考えたことはなかった。今思えば、子育ては想像力があれば描けるというものでもなくて（部分的なイメージでしかなくて）、ともに暮らしてみてから初めてわかることがきっとすごく多い。

その日の気分で好きなことに好きなだけ時間をかける、とにかく自由に昼夜シームレスに過ごしていた学生が、サラリーマンになってさすがに規則的な生活を送るようにはなった。ただし子どもが生まれる前後で働き方は変わった。終わらない仕事と早い帰りを要望する家族のあいだで板挟みになりながら、ぶくぶくもがいていた。実際は妊娠期を含め、子どもの月齢によってかくも細かく状況が変動し、それに合わせて働き方を調整しなければならなくなるとは当時は想像できていなかった。

戦力外・その1

妻は妊娠中、つわりがひどかったが、残念ながらつわりは仕事を休む理由にはなりえない。毎日満員電車に揺られ、乗換駅のトイレに駆け込むまでは必死に堪え、再び満員電車に乗るという過酷な通勤を強いられていた。寝ても覚めても船酔い状態がエンドレスに続くのは気の毒でしょうがないのだが私にはどうする術もない。ネットで調べていくつか対策グッズを試してみたが神様は嘲笑ってどこかへ行ってしまわれた。とはいえこれまで通りの働き方でそんな妻を深夜までほったらかしておくわけにはいかない。職場の上司や先輩に事情を話し（仕事を押し付け…）できるだけ早く帰宅し、リビングにぐったり横たわる蒼白の妻に正解のない言葉をかけ（この場合いかなる言葉も無益である）、夕食の支度をする。料理は全くしないわけではないが得意でもない。つわりの妻が食べられるものは少ない。白米は受け付けない。パンは食べられる。だがパンは朝食べた。麺は食べられる。だが麺は昨晩食べたから他のが良い。なんとか絞り出し、チヂミはどうかと聞けばゴマ油は受け付けませんという。私は日に日に狭まっていくメニューと今にも魂が抜けそうな妻に怯えながら毎日夜を迎えていた。そうこうして長い長い10ヶ月を終え妻は無事に息子を出産した（つわりはなんだかんだ出産のひと月前まで続いた）。

戦力外・その2

出産のその日から母となった妻の新たな戦いが始まった。例えば昼夜を問わない2時間おきの授乳。我が子の場合、粉ミルクも試してみたがお気に召さなかったようで結局、完全母乳で育てることとなった。これはつまり授乳の作業が母親しかできないということである。生後3ケ月くらいまでは数時間おきに空腹をうったえる息子に浅い眠りから引き戻され朦朧としながら授乳するのを繰り返していた。その間、私はというと隣で熟睡するのも気がひけるわけで、何をするでもなく一緒に体を起こしてはヘラヘラ、あるいはうつらうつらしていた。この頃はだいたい1日あたり20回くらいおむつを替えるので、それを半分担当していた。うんちやおしっこはいつなんどき噴射するかわからない。どれだけ眠かろうがオムツ替えのタイミングとスピードには細心の注意が必要である。この眠い眠い時期がすぎると段々と夜に長く眠ってくれるようになり、親は熟睡できる幸せをともに噛み締めていた。

細く長い保育園への道

息子は現在渋谷区の認可保育園に通っている。彼の二つ目の「母校」である。保育園問題は「何月生まれか」

が地味に影響する。息子は２０１４年10月生まれで妻の育児休暇は最長1年半であったため、２０１６年4月から1歳児クラスに入園する選択肢もある。しかしそれが叶う保証はない。区の認可保育園に入るには前年の冬に応募し、たくさんの入園希望者の中からより必要性が高いと判断してもらわないとならない（ある程度定量的に点数化される）。０歳児クラスから認可外の保育園に通っている場合、点数が加算され、認可保育園へ入れる可能性が上がるのである。そのため、２０１５年10月の妻の復職に4ケ月先立ち、生後８ヶ月の時点で都の認証保育園の０歳児クラスに息子は通い始めたのである。そしてそれは逆算すれば遡ること妊娠中から保育園探し、入園予約を始めなければならないのであり、その事実には当時ただただ驚愕した。まだ生まれる前から「保育園児の親」としての活動が始まるのである。自宅から通える範囲にどんな保育園があるのか、実際に見学に行って学級構成、雰囲気、空き状況や育児方針などを調査し、なんとか受け入れ先を確保する。そうして通い始めて半年も経たない頃、今度は認可保育園への入園（転園）に向け応募を行う。渋谷区の場合は実は、認可保育園と認証保育園の保育料については自己負担額に変わりはない。そのため私はそのまま認証保育園に通い続けても別に良いのではと楽観的に思っていたが、息子が入った保育園は２歳児クラスまでしかなかった。すなわち、放置して3歳を迎えてしまうと小学校に入るまでの期間、息子の居場所がなくなってしまうのである。なので5歳児クラスまである保育園に入り直さざるをえないタイミングはいずれにしろ来るのであり、それは物心がついて友達と分かれづらくなる前に、できるだけ早い方が良いのではとの妻の思いを聞いてなるほどと感心したと同時に状況の変化の目まぐるしさにクラクラした。我々夫婦の実家がともに遠方にあることも点数として加算され、息子は無事に2016年4月認可保育園へ入園した……。

19時の壁

息子が1歳になったころ、社内で長時間労働の縮減や育児との両立など、働き方の見直しを図る取り組みが徐々に盛んとなり私も座談会に呼ばれた。その頃私は19時帰宅とまとめて残業して家族の就寝後に帰宅する日を1日毎に繰り返すメリハリ作戦でなんとか育児に参戦していたことを話した。この頃息子は20時には寝るのがルーティンだったため、それより前に全ての世話を終えなければならない。夕食の支度をし、食べさせて風呂に入れ、寝かせつける。17時半に保育園へ迎えに行き、18時に帰宅してから20時に寝るまでの2時

急いでいるときは自転車（のペダル）に乗って保育園へ

間が勝負となる。どんなに私が無理して仕事を切り上げてきたつもりでも、20時以降の帰宅であれば時すでに遅し、サポートがほしいような作業は終わっており、残るは皿洗いや洗濯などの多少の家事に限られる。逆に言えば、間に合わないのであればもはや翌朝までに家事を終えれば問題が生じないのである。

朝の攻防

一方朝はといえば、妻の朝は早い。妻は7時過ぎには家を出る。息子の朝は当然ながら時間がかかる。息子は5時半〜6時半にスッキリ目覚め、その瞬間、私の夢は強制終了となる。おむつを替え（トイレを覚えてからはトイレに行かせ）、朝食のパンとヨーグルトと果物を与える。食べ終わったら体を拭き、保湿剤を塗りたくり着替えさせて歯みがき、保育園ノートに記入し、うんちをしてさあ出発。やることはだいたい決まっているので、これらの一連の作業がスムーズに運べば別段問題はない。のだが、そんなにうまくはいかない。「自

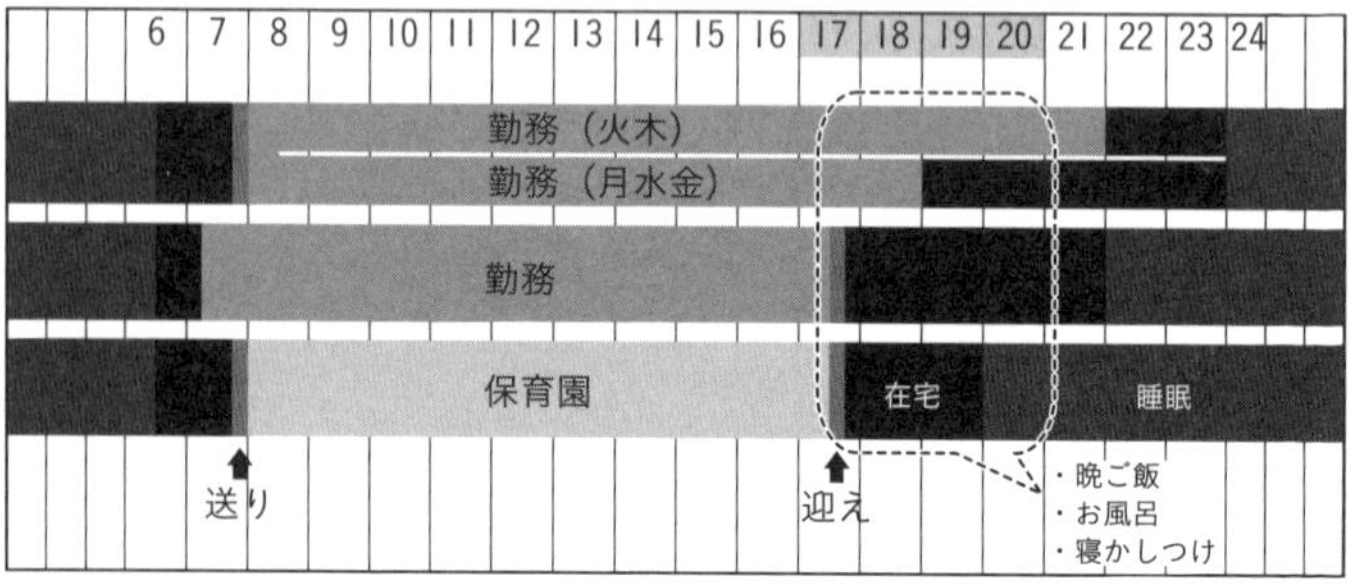

19時帰宅と残業デーを1日毎に繰り返すメリハリ作戦

分でやる」と言い出したり、逆に「やって」と言ったり、気分が乗らなかったり、他に興味が移ったり、謎のこだわりに固執したり。なんやかや相手をしていると10分や20分が平気で過ぎていく。遊びたい子どもが淡々とタスクをこなすのは難しい。こなす理由が彼にはないし、大人の事情を理解するなんてありえないし。となると忙しい朝は、時間内にどう乗り切るのか必然的に対策を迫られる。理由を理解できない彼の気持ちになってみれば、できるだけ「それはダメ」とか「早くやって」と強要はしたくない。2歳にもなれば自我が芽生え、意志があり、欲望がある。それを利用したい。彼の欲望をくすぐりやる気に変換し、自主的に動いてもらう。2歳の欲望なんてちっちゃいものである。褒められたい。ジャム塗ってほしい。コッシー見たい。無理やりやらせようとしてギャン泣

牛乳をこぼした。なんとなくまずい空気を感じ取る

きに至ってしまえば、それはもう復活するのに相当な時間と労力がかかり、親子ともども朝からぐったりである。そのリスクに比べれば、多少時間をかけてでも最初から彼の「今日のペース」に付き合いながらタイミングを見計らって誘導するほうが結果的に早く済むし、何より誰も傷つかない。そんな心理戦を繰り広げながら、突然のイレギュラーをいなしながら、8時を目標に息子を保育園へ送り届ける。なんとか家を出ても保育園への道のりも遠い。ありがたいことに彼の保育園は家から大人が歩いて3分の距離にある。ところが子どもにとってはその途中で無数の興味をひかれてしまう。猫に触りたい。エレベーターのボタン押したい。赤い実とりたい。あ、ちょうちょ。あ、ありさん。この穴なに？　ごみしゅうしゅうしゃ見る！　水たまりで遊びたい！　こっちの道から行く！　公園でブランコする！　疲れただっこ！　保育園が遠い。朝の仕事に融通がきく日は極力息子の道草に付き合ってみたりもする。そんな日は3分の距離が30分を超えることも。

病には兵力増強

共働きで最も対応に骨が折れるのは病気である。子どもがのときも、親がのときも。子どもが熱を出せば、保育園は預かってくれない。必然的に私か妻かのどちらかが仕事を休まざるをえない。その日突然休むことになるため事前に仕事を調整しておくということができない。我が家の場合、私が午前休、妻が午後休を取ってバトンタッチするのが定番の対応となっている。私は社外での打ち合わせがない限り午前の

登園途中、水たまりで道草

作業ロスを夜に挽回することは可能だし、逆に妻は午前中に仕事が集中するので休みづらいが午後は比較的仕事が落ち着くためである。しかし、この作戦でまず1日乗り切ったとしても、子どもの熱はそうそう翌日に下がってくれなどしない。感染症などの場合は平気で治るまでに1週間以上かかる。そうなるともはや小手先の業務調整では歯が立たない。もう何度となく岐阜や大阪からそれぞれの母を呼び寄せて子守りをお願いした。ありがたいことに快く来ていただけるので大変に助かっている。私が海外出張で1週間不在となる場合も同様にSOSを出している。私の母に至っては気兼ねなく孫に会うことができると言って、孫の不調を待ち望んでくれるくらいなので頭が上がらない。

即効ツール

夫婦共働きを実現するためには当然、家事育児を協力し合わないと成立しない。我が家の平日は概ね次のような分担でまわっている。妻：保育園迎え、炊事、子どもの風呂上がり対応、乾いた洗濯物の片付け、翌日の保育園準備。夫：保育園送り、食後の片付け、洗濯。掃除など、その他は半々。息子が10ヶ月くらいの頃、インターネットでたまたま見かけた、夫婦の家事育児分担図に感銘を受けて私も実践したことがある。これは家事・育児の各タスクについてどちらがどの程度担当しているかの実態を可視化したもので、元々はある共働きの妻が、家事・育児を充分分担できていると思い込んでいる（が足りていない）夫

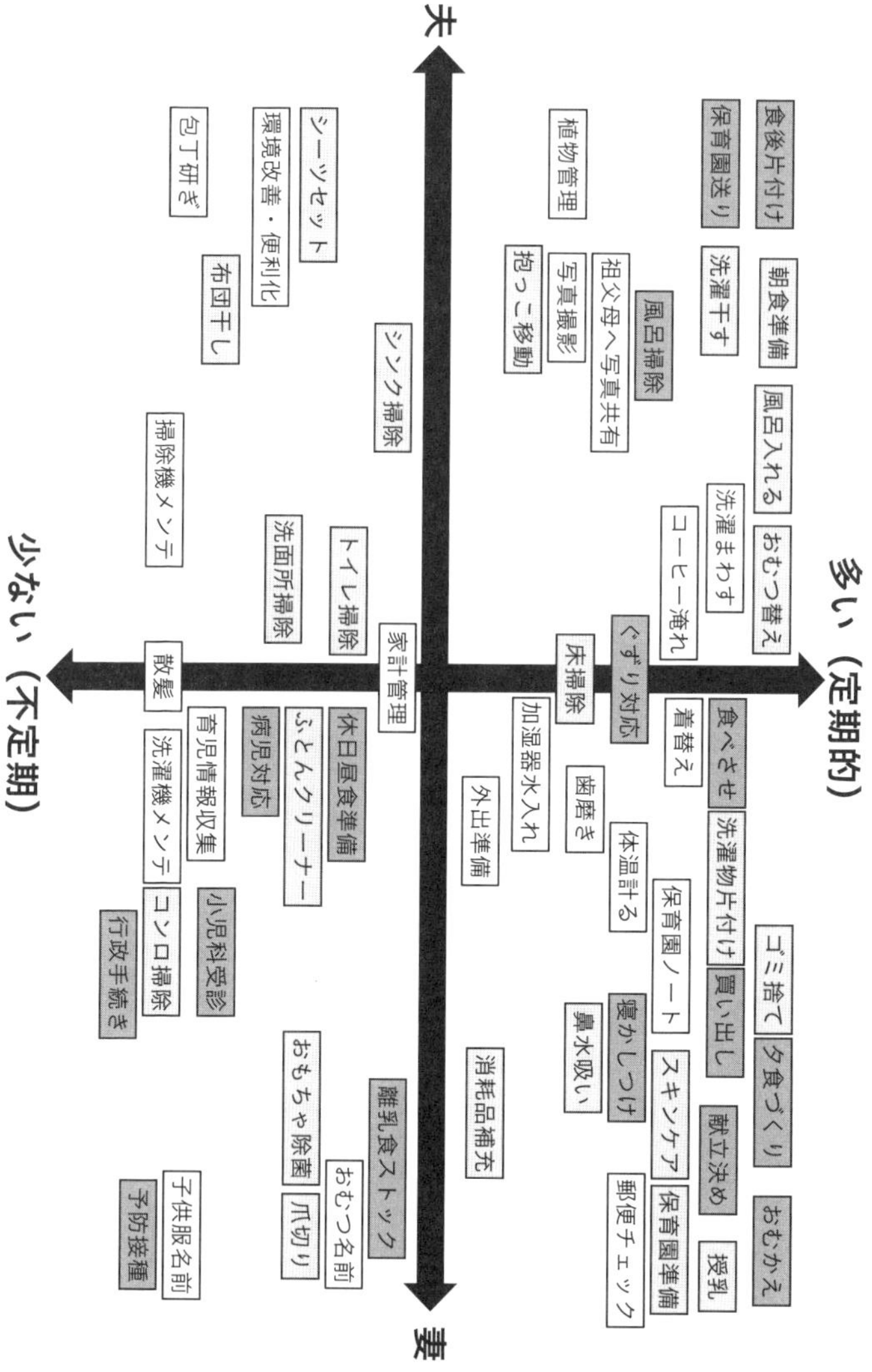

家事育児分担図（http://select.mamastar.jp/90918 に倣って作成）

の姿勢を改めさせるべく現実を突きつけるために作成したものらしい。これの何が素晴らしいかというと、「もっと積極的にやってよ！」とか「私のほうがこんなにがんばってるのに！」と感情的に相手を責めるよりも何十倍も伝わりやすいことである。私は我が家の状況がどうなっているのか、興味本位でつくったに過ぎないが、結果的に妻は頑張ってるなあと改めて実感した。おそらくこれを受け取った相手はぐうの音も出ず交渉に応じざるをえない。これは共働き共子育て家庭のしあわせ運営において、「自主性」、「思いやり」に次ぐ第三の即効ツールであるとお伝えしたい。我が家バージョンをつくった際、「夕食づくり」と「加湿器の水補充」が同レベルのタスクとして扱われるのは変だなと感じて、タスク一つひとつを色で重み付けをしてみた（オリジナル版は各タスクが等価に並んでいた）。濃い色は、より時間がかかったり、またはより頭をつかう複雑なタスクを表している。こうすることによって、各タスクの発生頻度と、重み付けに応じた係数、および分担率を掛け合わせ、足し上げれば、如実に成績表のごとく家事育児の貢献度を点数化できてしまうのだが、私は怖くなってやめておいた。

休日遊ぶために

予定のない休日であっても、いつもどおり6時台にがばっと起きて元気いっぱいの息子のペースに合わせることになる。実家とテレビ電話で話をしたり公園やファミレスに行って力尽きたら昼寝。私の趣味である植物を買いにいったり、息子はそれに水をやるのが好きである。もともと遊びたがりの私は、家庭を持ったがために遊べなくなるのを避けるべく積極的に妻と子どもを友人や同僚家族に会わせ、全員で遊べるようにしむけた。泊りがけバーベキューなどを頻繁に企画して一生懸命充実化を図ってきたおかげでバーベキューの腕も上がってきた。今年はお誘いを受けて2歳児を連れてフジロックにも参戦できたのは思い出深い。私の同期はいま出産ラッシュが続いているが、会って話せば育児トークがメイントピックとなることがほとんどである。子どもはネタに事欠かない。

働き方のやりくり

私の父もそうだが、私の上司たちの世代にはい

フジロック。ベビーカーがぬかるみにはまって、なかなか進めない

わゆる育児経験のある男性は少ないと思われる。激務とされるこの業界では特に。彼らにはきっと今の働き方の変化に戸惑いもあるのかもしれないが、それを気にしてばかりもいられないので、早く帰ると決めた日は私は半ば割り切って日々仕事を切り上げるようにしている。下っ端のくせに。でも育児は待ってくれないので仕方がない。最近は育児休暇制度を利用する男性社員もちらほら見かける。2人3人産んで、設計の仕事に復帰して育児短時間勤務でバリバリ働いている女性も何人もいるが、おそらく特有の工夫とやりくりの努力が必要になるのだろうと思う。

私は極端にマルチタスクが苦手な人間だが、それでもだんだんと仕事の効率化を図れるようになってきた。自分でする仕事と依頼する仕事は早めに切り分け、依頼する際は目的や方針、期限や精度、優先度、完成イメージを極力明示し、手戻りを減らすように意識している。「自分がやったほうが早い病」はやはり自分の仕事を溜める原因になるので早めに治した方が良い。

育児という「仕事」

育児は特別難しい技術や知識が必要な仕事ではないかもしれないが、かなり独特な仕事である。他の仕事と決定的に違うのは、育児は計画を立てづらかったり、予定通りにことを進められないもどかしさにある気がしている。また、同じ人間は他にいないという意味で子どもはオンリーワンであるから、他から得た知見をそのままフィードバックできるわけでもない。そのため毎度のごとく試行錯誤が求められる。常にケアが必要であるから気が抜けないし、合間に家事や息抜きなどの別の作業を差し込んでも往々にして中段を余儀なくされる。これらは経験してみないことにはなかなか共感しえないことなんだと思われる。育児のストレスは細かく多い。一方、子育てをしていて出会う喜びはその一つひとつがとても大きい。徐々に膨らむストレスを一気に解消するという意外に荒波のような仕事なのかもしれない。

牽引と後押し

最近、こなすタスクの量以上に、育児に取り組む姿勢が「育児への貢献」において肝心だと実感している。子どもは月齢に応じて絶え間なく変化

オフィス風景。現在、入社7年目

する。食べられるものは増え、体は大きくなるし言葉も覚えてコミュニケーションの幅が広がる。できることもどんどん増える。興味の対象や意志、こだわりも変化し個性が形づくられる。当然、世話の仕方や接し方もその変化に対応していかなきゃならないが、大抵は慣れた頃に状況が変わり、新しい方法を模索することになる。もちろん、だからこそ子育ては面白いのだが、能動的にそれらの変化に備えて開拓するのと、ただ示された道をたどって歩くのとでは貢献度に大きな隔たりがある。言われたことだけをやっていれば楽なのは育児も同じなのである。自覚しているのだが、私はその意識が妻に比べて劣っている。家に帰るとついつい脳みそのスイッチが切れてしまう。一方妻は、綿密に息子の体調を気にかけ、変化にはすぐに気づき、すかさず対処する。鼻水で呼吸がしづらそうなときにはせっせと耳鼻科へ通い鼻水を吸ってもらうことで中耳炎のリスクを低減している。咳が続けば薬を飲ませ、湿度管理をし、枕の高さを調整する。保育園入園の段取りをしたのも全て妻だ。服やくつのサイズの更新、卒乳やトイレトレーニング、アレルギーの恐れのある食品を試すタイミングなど、彼女はイニシアティブをとって牽引してくれる。私は概ね示してもらった道の上で体を動かしているに過ぎない。

とはいえ、後押し気味ではあるがやらないよりはきっと100倍ましである。お互い協力すれば相手の気持ちが理解できる。知っていて言うのと知らずに言うのとでは相手の言葉の受け取り方はぜんぜん違う。大変ではあるが、共働き、共子育てだからこそ得られるものは大きい。

どんな大人になっていくだろうか。彼の人生に真横で立ち会えるのは楽しい。

迷惑をかけあいながら、ともに生き生きと

アリソン理恵《ありそん りえ》

teco

▶TL

1982 宮崎県生まれ

27歳 NMBW（オーストラリア）にてインターンシップ

28歳 結婚 ㈱ルートエー勤務

29歳 第一子出産

32歳 アトリエ・アンド・アイ坂本一成研究室勤務

33歳 teco 共同設立

喜びと不安

アトリエ系の事務所に勤めながら子どもができたとわかった時、これまでにないような大きな喜びを感じたと同時に、さて、これからどうすればいいのだろう？　と思った。これが当時の私の率直な気持ちであり、同じ境遇のほとんどの人がそう思うのではないかと思う。日本のアトリエ事務所というのは、子育てしながら働けるようなリズムで動いていない。

私自身も晩御飯をすっ飛ばし、土日や終電なんてほとんど気にせず働いてきた。仕事も趣味も建築で、社会のこと、地域のこと、そもそも子どもができたら何をしたらいいのか、という超基本的なことすらわからなかった。

幸い先輩の中に子育てをしながら建築に携わる女性が何人かいたので、話を聞いてみることにした。大手の組織設計、ゼネコン、アトリエ事務所、どこで働く人も子どもが生まれたからといって仕事のペースはほとんど変えないという強い意志をもっていた。シッターさんや両親に子どもを見てもらって終電まで働く。そういう気概のある人しか、やっていけないのだ、という現実を見せられた気がした。

妊娠した時点で私は両親ともおらず、夫の両親は海外にいる。子どもとの時間もできればしっかりとりたい。これは真正面から建築をやることをしばらく諦める時なのか。こわごわと職場のボスに相談したと

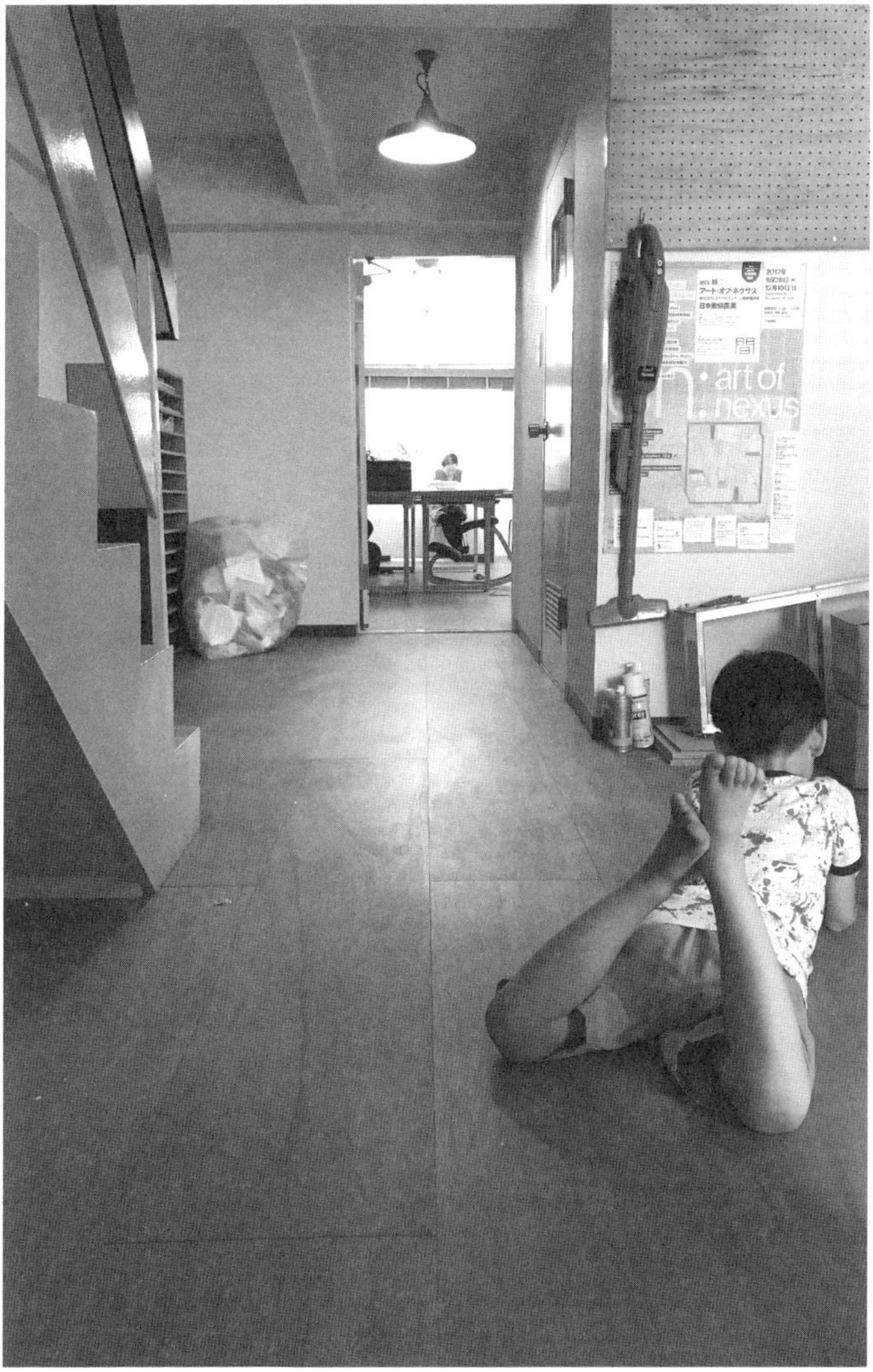

保育園が休みの日。事務所でお絵かきをしているようす。奥のテーブルではスタッフが打合わせ中

ころ、おめでとう!! 子育てしながらでも働けるやり方を一緒に見つけていこう! と、なんとも心強い言葉をかけてもらった。今でも、その時のボスたちの対応にとても感謝している。

メルボルンにて：アトリエ事務所勤務

大学院の博士課程時代、メルボルンでインターンシップをしていたことがある。展覧会の企画設営と住宅のリノベーションの実施設計、出版する本のドキュメンテーションを担当させてもらった。9時~17時までの勤務で、忙しい時は遅くまで働いたり、徹夜することもあったけれど、基本的にはほぼ定時に帰る。徹夜をした日、ボスは申し訳なさそうに「こんなに遅くまで働いたなんて、絶対誰にも言わないで!」と言う。そんな働き方をスタッフにさせるなんてオーガナイズ力不足だ、と思われるらしい。

そんな生活だったので、仕事後は趣味のライブハウス巡りをし、街を歩き回り、帰国するときにはちゃっかり今の夫となる人を連れて帰った。私の居た事務所のメンバーは子育て中の人たちが多かったのだけれど、メルボルンのリズムで無理なくしっかりと働いていた。

日本に帰って来た後、いつも彼にこう言われる。「日本の建築家が優秀なのは当たり前でしょう。だって1日に他の国の建築家の2倍働いてるんだから」。ほぼ笑い話ではあるのだけれど、一理あるなあとも思う。もしかすると、日本の建築産業のリズムは戦後の住宅不足を解消するために敷かれた緊急リズムから変化していないのかもしれない。

東京にて：アトリエ事務所勤務

妊娠中は、ギリギリまで働こうという意思とは裏腹に、切迫流産、切迫早産と結局、妊娠期間の半分は安静に過ごさなければならなかった。担当していたプロジェクトはきりが良いところでボスが引き受けてくれた。車椅子で過ごしていた数ケ月の間、友人や近所の人たちには本当によく助けてもらった。近所の定食屋のおばちゃんは残り物だからと晩御飯を差し入れてくれ、スーパーのお兄さんは重いものを台車に乗せて家の前まで届けてくれた。生まれた場所でもない都会の真ん中で、不自由な生活を過ごしてみて初めて、地域のネットワークの存在に気づいた。

子どもが1歳になった時に復職し、3歳になるまでは毎週のように保育園から呼び出しがきた。また熱が出てお休み。仕事が進まず焦って治りきる前に登園させてしまう。そしてまた呼び出し。職場には申し訳ないし、子どもにも申し訳なくて、何もかもうまくいっていないような気持ちに何度もなった。

3歳を過ぎてからは、一転、めったに風邪もひかなくなり、一気に生活が楽になった。職場を変えた後も良い上司に恵まれ、少しずつ生活のリズムを見つけていくことができた。

どちらの職場でも私が唯一の子育てママだったけれど、夕方のお迎えや、在宅ワーク、現場出勤などを認めてもらえた。週に1回の定例には必ず参加し、プロジェクトの進捗状況の報告と検討事項の確認を行うようにしていた。また、在宅ワークの際も同僚とはデータを共有し、メッセージのやり取りを密に行うようにしていた。アトリエで働きながら子育てをする際には、ボスや同僚に自分の状況をきちんと伝えること、自分のできる仕事量を適切に把握することが大切だと思う。

初めての海外出張の際はとても緊張した。ほとんど家事をしたことがなかった夫に、保育園の支度や、食べ物のこと、何かあった時のための日本の救急車の電話番号や病院のかかり方まで、事細かに話し、紙に大きく書いて家の中に掲示した。結局、何事もなく楽しく過ごすことができたようで、これをきっかけに、夫がより自信を持って子どもと関わり、家事を行うようになってくれたように思う。

東京にて：アトリエ事務所共同主宰

なんとか子育てと仕事のバランスの取り方がみえてきた頃、住宅を設計して欲しい、というお話をいただいた。クライアントは同世代のご夫婦で、息子と同じ歳の息子さんがいる。とても明るい素敵なご家族で、こんな機会は滅多にない！　と心躍った。

でも、打合せの日に子どもが熱を出したらどうするんだろう、スタッフを雇う余裕もないし、子育てしながら自分1人でやっていくにはリスクが大きすぎる。クライアントにとっては人生で一度きりの新居を

teco設立前。同期の金野千恵、能作文徳とコンペのスタディ中。職場の休日に行っていたため、いつも子連れで皆の手を借りながら作業していた（息子は2人を親戚だと思っている）

建てるという責任を、充分に果たせるのか、自信が持てなかった。このまま仕事を受けるわけにはいかない、と大学時代からの親友の金野千恵に相談した。

そこで彼女から、一緒にやってみない？ という思いがけない提案をされたのだった。私もゆくゆく子育てをするかもしれないし、2人いれば女性でも、子どもがいても、しっかり建築に取り組むことはできるんじゃないかな？ と。

彼女の言葉は、女性は第一線で働きたかったら子どもをつくるのは諦めないと、という無言の了解があるようなこの状況を肯定して良いのか、という問いであると感じた。

どうせ何も失うものはないんだし、できるだけやってみよう。それに、私がやりたいことを頑張っている背中をみせることは子どもにとっても絶対プラスになる。そう信じて、自分たちの事務所を始めてみることにした。

現在ｔｅｃｏでは住宅や集合住宅、福祉施設、店舗、展覧会の展示計画など国内外のプロジェクトが進行中である。基本的に全ての仕事について金野と私で内容やコンセプト、スケジュールなどを共有し、どちらでも打合せに行けるような状態にしている。また隔週に1回は定例で全てのプロジェクトの進行状況、検討事項をあらいだし、所内で共有する。

時には息子を連れて出勤し、スタッフに見てもらっている間に打合せをすることもある。そうやって日々模索しながら、私たちやスタッフに出産や介護など誰にでもいつでもありうる事が起こっても、フォローしあえる関係を内包したしくみをつくっていこうとしている。

家族との日常

私は週の半分は終電まで事務所にいて、残りの半分は息子のお迎えに行く日としており、事務所での打合せなどはできるだけ夜までいる日にまとめてもらうようにしている。

お迎えに行く日は、帰り道に息子とスーパーへ寄って一緒に食材を選び、帰宅したらすぐに晩御飯を作って、ご飯を食べたら小一時間子どもと遊んで、お風呂に入って、21時過ぎには寝かせ、食器を片付け洗濯物をとりこみ、片付けをして、保育園の準備をして、それからしばらく仕事をする。朝は6時ごろに

〈二連旗竿地の住宅〉teco設立のきっかけとなった住宅。南側の二連に連なる旗竿地に大きく開き、光や風とともに生きるような場としている
（所在地：東京都三鷹市、撮影：teco）

〈二連旗竿地の住宅〉内観。家の中心となるキッチンテーブルに家族が常に集う。同じ年の子どもをもつお施主さんとお互い子連れで打合わせすることもあった
（撮影：teco）

スタッフが打合せをしている間、インターンの学生さんに息子を見てもらっているようす。一緒に模型づくりをしている

なると息子と夫が、朝だよー！　早く起きてー!!　コーヒーが入ったよ！　と元気いっぱいに私を起こしてくれる。

一度、時短のためにと食材の宅配サービスを利用したこともあったが、スーパーで息子と一緒に食材を選びながら、近所の人たちと世間話をしたりする時間が楽しくて、節約するのはその時間ではない！　とすぐに解約した。少し早めにお迎えに行けた日は、息子と一緒に料理できるものを作る。季節の野菜のニョッキや餃子、手作りハンバーガー等々。

時には帰り道にレストランでご飯を済ませて、帰宅してから寝るまでの時間を工作の時間にする。部屋中に模造紙を敷き詰めて思いっきり絵の具を飛ばしながらお絵描きしたり、ダンボールでロケットを作ったり、折り紙や編み物をしたり。小

送り迎えのようす。今では家事はほぼ半分ずつ分業している。家族というよりチームのような団結力が生まれてきた

一時間の夜の時間は、できるだけ思いっきり息子と一緒に何かに集中するようにしている。

夫はライターやモデル、英語講師などをしていて、私と同じく週の半分は終電まで仕事をし、残りの半分はお迎えに行く、という生活で、夫の職場に息子を連れて行くことも度々ある。お互い出張などの時は事前に申告して、大きなカレンダーに書き込み、なんとなく2人でおなじくらいお迎えに行こう、ということにしている。夫婦共にフリーランスという、時間の自由度の高さを最大限発揮し、家族一丸となってチームとなり、皆がやりたいことを諦めず、助け合っていこう、と日々話している。

こういった体制なので、朝の数十分を除くと家族3人が揃う機会は非常に少ない。最近、3人の時間をあまりに息子が喜ぶので、これは意識的に時間をつくらねばと夫婦で話し合い、年に1回くらいは皆の予定を合わせてちょっとした旅行をすることにした。先日は京都、その次は箱根。近所のホテルに自転車で泊まりに行ったこともあった。旅行の計画をたてるところから、皆で少しずつ分業して行い、プロセスも含めて楽しんでいる。

迷惑かけて、ありがとう

私の実家は宮崎の居酒屋だった。近所の大学生や、工業団地で働く人、徘徊老人や、両親が帰ってこない子ども、社長さん、老若男女、いろんな人たちとご飯を食べる日常だった。小さな頃から、家族だけの時間を過ごした記憶はほとんどない。

酔っぱらうと人は「引き戸は開けるもの」と思うようで、家中の戸は開けられ、1人で本を読みたいなんていう願いはいつも叶わなかった。ある日、家に帰るとリビングがカラオケ・ルームに改修されており、更に多くの人が集うようになった。しまいには朝起きると知らないお兄ちゃんがシャワーから出て来たりしたものだった。そういった中で育ったことで実感したことがいくつかある。例えば以下のようなこと。

・ご飯をみんなで食べる時、世代や価値観、立場の違いなどは大したものではなくなること
・人は誰かに迷惑をかけてしか生きていけないということ
・誰かに迷惑をかけることで、迷惑をかけられた方が生き生きとすることもあるということ

〈minowa・座・garden〉特別養護老人ホーム「ミノワホーム」の前庭の改修。創設時につくられた高い塀を壊し、地域に開かれた空間とした
（所在地：神奈川県愛甲郡、撮影：teco）

〈minowa・座・garden〉の日常。施設の利用者だけでなく、地域の子ども、若者が立ち寄る場となっている。これからさらに高齢化が進む日本において、地域とともに生きる場の創出は急務である（撮影：teco）

子どもが生まれて、両親もいないし、お金もないし、さてどうしよう、と思った時から、この実感をもとに動いている気がする。どうせ1人では何もできないのだから、友人から近所の人まで、みんなを頼ろう、と。もちろん私にできることがあれば喜んで迷惑をかけてもらう。そうやって意識的に人との関わり合いをつくることで、今の生活を維持して行くことができている。

人―もの―空間の相互関係

現代の建築家には、すでに確立されている制度を素朴な身体感覚から解きほぐす事が求められる機会は多い。またいろんな立場の人の語りをうけとめ、コミュニケーションをしながら織り上げていくことで、空間や仕組み、関係をつくっていく能力が求められている。

その際に、子育てや介護などのように、自分以外の人を中心にせざるを得ないコミュニケーションの経験や、他人と迷惑を掛け合い関わりあった経験からうまれる想像力は役にたつと感じる。

例えば、福祉施設を設計する際には、どういったサービスを行い、どういった人を対象にした施設にするのか、地域とどのような関係を持つのか、などという枠組みづくりからとりかかることが多い。そこで私たちはまずその建物の建つ地域をみわたして、資源となるものや環境、登場人物をすくい上げ、それらが生き生きと関連し合いながらふるまうことができる場所とはどんなものだろうかと試行錯誤する。そう

〈幼・老・食の堂〉外観。高齢者福祉施設と保育施設の複合建築。まちに面して内外に立体的な居場所を配置している
(所在地：東京都品川区、撮影：teco)

〈幼・老・食の堂〉内観。2階保育室より、高齢者福祉施設（奥）の宿泊室をみる。高齢者や子どもの居場所が緩やかにつながる空間としている。左手の吹き抜けを介して、まちの食堂の気配を感じることができる

して福祉施設という空間を使う主体の視点をいくつも同時に内包することで、一つの立場からの効率を振りかざさず、ケアする、されるの関係が反転可能な場をつくっていきたい。

住宅や店舗を設計するときも同じように、人や動植物、温熱環境などを含めたいくつかの主体が関係し合いながらも自立して同時に居られるような場所をつくりたい。そのためには空間が人をカテゴライズしないよう、注意深く建築をつくる必要がある。特定のスタイルから解放された空間を実現するため、建物の構成や寸法、ディテールに至るまで、先人の積み重ねてきた知恵をかり、時間をかけてスタディを積み重ねることを繰り返している。

また、建築は少し脇が甘いくらいが良いのではないか、と最近感じている。製品としての建築ではなく、手をかける必要がある部分をつくっておく。建築がちょっと人に迷惑をかけることで、建築と人の営みとの相互関係が生まれるのではないか。

そうやって、人と人であったり、人と物事と空間が相互関係をもち、時には迷惑をかけあいながら、ともに生き生きと居られるような場所を、建築や働く場づくりをとおして実現していきたい。

コントロールできない世界の面白さ

豊田啓介《とよだ けいすけ》

noiz

▶TL

1972
千葉県生まれ

28歳
安藤忠雄建築研究所勤務後、渡米

34歳
SHoP Architects(New York)勤務後、帰国
結婚

35歳
noiz共同設立

36歳
第一子誕生

38歳
第二子誕生

44歳
新体制でnoizを共同主宰

45歳
コンサルティング・プラットフォームgluon
共同主宰

徒歩1分の生活圏

小3の息子と小1の娘がいる。下の子も小学校に行き始めたのでずいぶん楽になり、パートナーには海外出張に行ってもらったり、「今日は僕が家事やるわ」と言える日が以前より増えてきた。さすがに仕事で頭がいっぱいになると、献立を考えることに脳細胞を使うのがもったいなくて、「この10分をセーブするために外食行かせてくれ！」と、外食へ逃げがちなため、パートナーにはあまり喜ばれていないのだが。

自宅は事務所から徒歩1分、小学校が事務所の横、学童も事務所から30秒、保育園も道を挟んだ向こうだったので、偶然にも全て徒歩1分圏内に収まってきた。

2007年、35歳の時に台湾人のパートナー蔡佳萱《サイカセン》とアメリカから帰国し、noizの事務所を立ち上げた。当初は自宅兼事務所だったので、2年後に子どもが生まれてからは、事務所内で子どもが泣いたり走り回ったり、横のキッチンからは料理の匂いもボンボンもれてくる状態。もともと子どもは複数欲しかったし、何とかなるだろうと深く考えずにいたが、さすがに打合せ中に子どもが走ってくると集中できなくなり、5年前に自宅と分けることにした。現在の事務所は古い印刷工場跡で、たまたま閉鎖されていたものを押しかけでオーナーに掛け合って、東京R不動産に借り上げてもらった中に区画を借りている。引越し前は5人ほどだった所員も現在東京に15人、台北に5人ほど、インターンもいる。もう1人、2人増える予定なので今の事務所も再び狭くなりつつある。

1日のサイクル

朝は7時に起き、8時過ぎに子ども2人を送り出す。僕とパートナーは近くのカフェで頭の整理をしてから昼ごろ事務所に行くことが多い。子どもたちは17時半過ぎに学童が終わると事務所に来て、ホワイトボードテーブルでお絵描きをしたりして時間をつぶしている。18時ごろには僕かパートナーのどちらかが連れて帰り、宿題をさせ、19時半ごろにはできるだけ家族揃って夕食。ちょっと遊んで、本を読んで寝るのが21時半。パートナーはその後、家で仕事をするか、ゆっくりするか、家事をするか。僕の方は、近所に3、4軒

元印刷工場を転用したnoiz事務所。国籍も専門分野もさまざまなメンバーが働く

学童帰りの子どもたちは事務所のホワイトボードでお絵かきをしたりして待つ

ある行きつけの〝仕事バー〟へ行って0時頃まで働くことも多い。たいてい、夕方メンバーから送られてきたメールや図面が溜まっているのでそれをチェックしたり、デザインやアイデアを考えたり。1時ごろ帰宅し就寝、翌朝7時に起きる、というサイクルだ。

このサイクルは、アメリカでリベラルな教育を受けて育ったパートナーの影響によるところが大きい。子どもと一緒に夕食を食べる習慣も、彼女が「当たりまえでしょ！（男だからって仕事ばかりしていて良い訳がない）」と直球で言ってくれるので、「そうだよな」と意識が変わってきて今がある。子どもには僕が日本語で、彼女が中国語で話しかけ、僕ら夫婦は英語で話すから、家族が揃う食卓は3カ国語が混ざる。子どもは学校の出来事を報告するときは、母親には中国語、こっちを向いた瞬間に日本語とスイッチしていて、我が子ながら羨ましい。

サラリーマン家庭から、安藤忠雄建築研究所へ

僕自身は、典型的な戦後のサラリーマン家庭に育った。母親は専業主婦、住まいは埋立地のニュータウン。大学を出たら独り立ちして親も子もお互い頼らず行こう、という価値観でやってきた。父親の姿を平日はほとんど見たことがないし、土曜も当然仕事、日曜は会社へ行かなくて良いなら寝かせておいてあげよう、という具合だった。

大学卒業後に勤めた安藤忠雄建築研究所では、当然ながら仕事（建築）一色。事務所は22時には退社しなければならないのだが、仕事は絶対に終わらないので、青焼きの束を持って出て、バーに行って仕事をする。事務所がある大阪のキタに大好きなクラブがあって、僕がいつもそこで仕事をするので店の端に僕用のダウンライトをつけてくれた。ＤＪがガンガン鳴らす音の中で、青焼き図面を朝までチェック。終わらない仕事を外でする癖はこのときについた。

こんな生活をしていたら、家庭なんて顧みられそうにない、不幸にするから絶対結婚してはいけないと思いこんでいた。当時は色気もなかったし。

週末

今、平日は料理ができていない分、週末の朝などはできる限り作るようにしている。子どもに「パパサンド」と呼ばれているのは、マヨネーズときゅうりとハムとチーズの、特に見せどころのない普通のサンドイッチ。食パンの耳を落として揚げて、砂糖をまぶせばおやつができるので、それを目当てにリクエストしてくる。

また土日は夕方にできるだけシッターさんに来てもらい、パートナーと2人で仕事や、外に食事に行けるようにしている。仕事も家庭も一緒だと、うっかりすると事務的な話ばかりになりがちだから、一緒にリラックスする時間も必要だ。多分、日本人と結婚していたらこんな感覚を持つこともなかっただろう。夫婦の時間を意識して定期的につくるというのは、彼女と結婚してから僕の中で育った新しい価値観だ。

他にも、台湾に家族が増えて家族に対する価値観は大きく変わった。向こうは近い親戚も含めて30人を超える大家族で、日本の一般的な兄弟姉妹よりもあちらのいとこの方がずっと近しい。なんだかんだ言いながらみんな仲が良く、木曜はファミリーランチ、週末は家長であるおばあちゃんの家に集まる。おばあちゃんが歳をとっても、兄弟やいとこが助け合うと負担が軽減するし、悩みも気軽に言える関係がいい。

実は台湾に行き始めてから、ああいうのはいいねと僕の日本の家族も月に一度は全員で集まって食事をするようになった。核家族になりがちななかで、甥や姪、兄弟間を近く保つには、こういう意識も大切なんだなと思う。

渡米と価値観の変化

4年勤めた安藤事務所を辞めて30歳でニューヨークのコロンビア大学へ留学した。忙しかったが、久しぶりに建築以外の生活も楽しむようになって、凍っていた価値観が溶け出すようで毎日がとても刺激的だった。その後に勤めた設計事務所SHoPも今でこそ200人を超える大規模事務所だが、当時はパートナー5人とスタッフ5人。まだ大規模な実作がなく、むしろ実務経験は僕が一番持っていたくらいの状態だっだ。17時になると「ケースケ! ハッピーアワーに行くぞ!」「いや、まだ仕事終わってないし」「だめ、飲みに行こう!」といったノリで、パートナーの年齢も近いし、大阪時代の真逆だ。新しい技術で実験的なことに積極的に投資することを厭わず、生活を楽しむSHoPでは、いろいろな意味で「遊ぶ」ことでむしろ生産的に仕事ができることを実感した。

またアメリカでは、例えば職場の話は家庭で奥さんともシェアするし、オフィスのパーティーにはガールフレンドや家族を連れて行くことが奨励される。ちゃんと自信を持って、仕事でしていること、自分の家庭を、それぞれ大切なものとして紹介できることをお互いに尊重し、大切にするカルチャーだ。何より、オフィスのパーティーに彼女や家族を連れてきて、みんなで楽しむ時間は心地よく、何とか今のうちの家庭や事務所にもそういう意識をとりこみたいと思う。

養子という選択肢

パートナーは、ニューヨークのコロンビア大学院時代のクラスメイトだ。5年ほどのNY生活を経て、僕もある程度あちらの生活や価値観に慣れたとはいえ、カリフォルニアのリベラルな高校で育った彼女には今も刺激を受けている。例えば寄付やボランティア、環境保全など、義務を超えた社会の役割を果たすことに彼女はコンシャスで、子どもをもつことについても、養子という選択肢だってあるよねと話してきた。例えば、孤児を養子として受け入れて、血縁だけではないはずの家族観や社会での責任の持ち方を一つの形として示せればいいかもしれないとも考える。

それでも養子に受けた子どもを、何らかの理由で結果的に傷つけたり実子と同じように好きになれなかったといったことが起きない保証はない。いろいろと考えると、怖くてなかなか踏み込めないのも現実だ。僕らにもアメリカやヨーロッパには、もとはアジア系孤児でスウェーデン人家庭に養子にもらわれて育ったり、白人のゲイのカップルで黒人の子どもを育てていたりする友人が多くいる。彼らの間にも確実にある、家族としてのつながりを見ると、いいなと思う。

フィリピン人のシッターさん

僕らは最初の子が生まれた頃から、同じフィリピン人のシッターさんにお世話になってきた。1日5〜6時間、週3〜4回。例えば水曜の夕方と土日の夕方、忙しさ次第でどこかでもう1回というパターンが多い。掃除・洗濯・子守がメインで、忙しい時は学童や保育園の迎え、夕食から寝かしつけまでお願いする。

2人とも働いていると、必要な時にはサービスに頼った方が確実に僕らの生産性も上がるし、ストレスも減るし、シッターさんも収入を得られ、win-winの関係なので積極的に使うようにしている。子どもにとっても、日常的に英語でしか会話できない人と生活することは貴重だし、同じ家にいて立場が違うけれど、一緒にご飯を食べるといった、違いを理解した上でのリスペクトを教えることもできる。こういう見方も、おそらくパートナーとの生活の中で培われたものだ。

事務所の発展、新会社設立

こうやって、何とか帰国してから事務所の立ち上げと子育てとを並立させてきた。今のところnoizはなんとか順調に成長してくれている。事務所の仕事の半分は台湾など海外のプロジェクトな

〈SHIBUYA CAST.〉複合施設のファサードとランドスケープのデザイン監修を担当したプロジェクト（所在地：東京都渋谷区、マスターアーキテクト：㈱日本設計、撮影：川澄・小林研二写真事務所）

ので、パートナーと僕とあわせて月に3〜4回海外出張がある。台湾は意外と近いので、忙しい時には早朝便で行き、10〜17時の間に打ち合わせを3〜4件こなして日帰りをすることもある。

仕事は、普通の建築事務所が手掛けるいわゆる建築・インテリアが半分、それ以外にインタラクティブ・インスタレーションや、ファッションやプロダクトなど他分野とのコラボレーション、プログラミングなど多岐にわたる。また、企業の未来ビジョンづくりのような、公表できないコンサルティングも実は多い。

コンサルティングについては、最近gluonという会社を、東京藝術大学の金田充弘さんと、UDS（㈱都市デザインシステム）の黒田哲二さんと3人で起ち上げた。ディテールまで作り上げる設計事務所の仕事と、「30年後どうなる？」という抽象的な話を広げるコンサルティングとでは方向性が180度違う。しかも作業や専門性に対する対価として圧倒的に報酬が低い建築設計ベースでしかフィーのチャージができないと、この業界は今後も健康的に価値を生み出す分野になり得ないし、人材も知見も集まらない。新しい可能性が生まれつつある建築・都市に関わる分野で、従来型のフィーベースでなく、バリューベースで仕事ができるしくみを、テクノロジーでつなげることで一つのロールモデルを示したい。

鈍感力がついた

仕事は順調だが、子育てと仕事のバランスを取ろうとすると切ないこともある。特にコンサルティングは、僕が企画を考え、打合せにも自分で行かないと話にならないから、最近は日曜に仕事をすることも多い。週末は息子の少年野球や娘のバレエ教室などに顔を出したいと思うのだけれど、なかなかままならないことも増えてきた。その分、せめて平日の夕飯は週3〜4回は一緒に食べる時間を確保したいとは思っている。

いつもそんなに割り切れているわけではなく、仕事をしていると子どもが気になり、子どもといると仕事が気になるという、どうしようもない気持ちがつきまとう。いざ、子どもと一緒に遊び始めると、子ど

学童帰りに事務所に寄った娘と海外出張中のパートナーにメールを送っているところ

も独特の緩やかな時間の流れに、つい「ううう ー!」とじれったくなるし、かといって日曜に仕事をしていると、罪悪感で胸が締め付けられる。もう少し割り切れないものかと自分でも思う。

ただ、最近少しずつ鈍感力がついてきた。忙しくても「今日はもう、早く帰って飯食うかな」とか、夕飯後にビールを飲むと「寝ちゃおうかな」という潔さだ。思い切ってやってみると、結果的にはそう事態は変わらなかったりする。

この鈍感力はむしろ事務所の変化によってついてきたとも言える。事務所が大きくなってくると、全部コントロールすることができない。そこで一度任せて一定部分を諦めると、いい意味での鈍感力がついてくる。その結果として人も育つ。ただ、事務所はまだそれに慣れているとは言えないから、必要なクオリティに達せず、最後に慌てることもある。もちろんそんな中でもベストのその先を目指すべきなんだけれど、打率10割は諦めざるを得ないし、事務所もそういう感覚や動き方を学ぶ時間が要る。2〜3年は移行時期、必要経費だと思うことにした。

プロフェッショナル意識

事務所にはもう1人、酒井康介というパートナーがいて、彼も子どもが生まれたばかり。週4勤務で、1日は自宅で仕事をし、大変な時は早く帰るなど、極力フレキシブルに働いている。ｎｏ·ｉｚの雇用体系はフルタイムから、週4、週3、時短、プロジェクト毎といろいろあって、家庭環境やプロフェッションの形に応じてできる限りサポートするからフレキシブルに、その分力を発揮して！　と伝えている。自由度を認めることで、アウトプットの質はむしろ上がっている。個人の資質かもしれないが、こちらが信頼していれば、むしろ応えようとしてくれる人が集まってくれている。

ただ、プロフェッショナル意識を持てる環境は大事だ。例えば、ｎｏ·ｉｚでは日本人が過半数にならないよう、常に異なる文化や国籍の人を意識して維持することで、価値観が混ざる緊張感を絶やさないことをルールにしている。終業時間も19時と設計事務所にしては早めの設定で、積極的に外の経験ができるようにしている。もちろん提出などで夜遅くまで残ったり徹夜することもあるが、基本的に20時を過ぎたら事務所は空っぽだ。

アメリカの方が社会的にフランクでオープンだと言われるが、僕の感覚ではそれは半分正しく、半分正しくない。確かに率直に意見できることは尊重されるが、同時に職場で人のことを悪く言う、誰かの間違いを直接面前で指摘するのは徹底的にNGだったりもする。ニューヨークなど特に表面的な社交が洗練されているから、上司といえ決して人の欠点を指摘するようなことはしないけれど、褒めながらも翌日にはサクッと首を切ったりする。日本のほうが、首を切る前に欠点の指摘や叱責があるし、その分実はウェットだという側面は確実にある。アメリカでは結果を出さない限り、どこで切られるかわからないから、アウトプットを出し続けることでしか勝負できない。そういう組織の中で個人が自分を律することでしか維持できないプロフェッショナルな緊張感を、もう少し日本の環境にも持ち込みたいと思う。

コントロールできないことを受け入れた先で何ができるか

本当は、子どもは3人目がいるといいなと思う。ただ、自分やパートナーの年齢や事務所の状態、子どもが二十歳になった時の僕らの歳を考えるとなかなか難しい。それに、ようやく2人が小学校に入り、僕らも大人のペースを取り戻しつつあるときに、もう一度、息を潜めて3年間赤ちゃん中心の世界に潜れるか？　と思うとやはり躊躇はある。

それでもなぜ3人かというと、子どもが3人いれば、有無を言わさず彼らがマジョリティになる。関係

学童帰りに事務所に寄った息子。ペッパーがお気に入りだ

性がより多様になる。彼らの中に社会ができる。おそらくはいろんなことがどさくさに紛れてコントロールしきれなくなるけれど、そのコントロールをあきらめる感じがいい。全てをコントロールできない、計画できないことを受け入れた先で、間接的に何がデザインできるのかということは、最近のデザインや事務所運営のテーマでもあるし、僕らが設計にコンピューテーショナル・デザインを取り入れているのも、そういう興味に最も有効だと思うからだ。

とはいえ、子育ては毎日24時間逃げ場がないし、コンピューターの処理能力をはるかに超えている。建築なんかよりもっと長いスパンで考えなければいけないところもなかなかに難しい。ある日「やめた！」とは言えない圧倒的な責任感が、理屈を超えた楽しさをもたらしてくれる。

1人目、2人目、3人目、おおらかに変化してきた8年間

馬場《ばば》祥子《さちこ》

大和ハウス工業㈱

▶TL

1979	22歳	29歳	30歳	33歳	36歳
佐賀県生まれ	大和ハウス工業㈱入社	結婚	第一子出産	第二子出産	第三子出産

1人目、2人目、3人目

大学卒業後、大和ハウス工業㈱建築事業部に入社、今年で16年目になる。現在は主任職として複合施設（スーパー・診療所・ホテル）と工場、過去物件の改修工事を担当している。入社8年目に第一子を出産し、これまでに7歳女児（小学2年生・学童保育）、5歳男児（保育園）、1歳男児（5歳の長男とは別の保育園）、3人の子に恵まれた。

1人目の時は部署初の妊婦とあって、とにかく周りに迷惑をかけないようにしなければと、産休も密かに取得。その時の辛さから、2人目以降は肩の力を抜き、周囲には積極的に子どもがいること、時短勤務であることを伝え、理解してもらえるよう努めてきた。そして、「2人で終わりです！」と公言した後に生まれた3人目…その時はもう開き直るしかなかった。これまでやってこられたのは、上司や同僚に助けられてきたことと、社会的にも育児をしながら働くことへの理解が広まってきたからだと思う。

同時に、私自身も8年の間に少しずつおおらかな気持ちで仕事や家事・育児に取り組めるようになってきた。料理も当初は週末にレシピを見て、翌週木曜日の分くらいまで作り置きしていたが、だんだん面倒になり…、今では毎日帰宅後に準備を始める生活に落ち着いた。18時半ごろ帰宅し速攻で準備、19時過ぎにはでき上がる簡単なものだ。時間があればあと一品作ってあげたいところだが、そこは申し訳ない。病児保

1人目妊娠中にたずさわった冷蔵倉庫〈港区福崎低温センター〉(所在地:大阪市)

育のベビーシッターや宅配サービスも、2人目以降は使っていない。最近、休日出勤が増えてきたので、掃除代行を検討しようかと思っているところだ。なかなか隅々までの掃除は時間がなくてできていない。

おおらかになったとはいえ、1時間の時短勤務ではどうしても仕事は終わらない。長男の迎え時間18時を過ぎることはしばしばで、その後、末っ子を別の保育園へお迎え、学童から長女が戻るぎりぎりに帰宅。おなかがすいて我慢できない1歳児をなだめつつ夕飯を作り、食べさせてゆっくりする間もなくお風呂へ(ほとんど水遊び)。合間に学校の連絡帳や手紙をチェックしていると、あっというまに21時。皆を寝かさなければならない。夫は子煩悩で、在宅時は風呂洗いや洗濯など家事も手伝ってくれるが、とにかく朝7時には家を出て帰宅も日付をまたぐ直前。1か月に及ぶ長期出張も多いため、平日の家事・育児は基本、私が全て担当している。

仕事は上司の配慮で新規物件は抑えてもらっているが、土日は旦那に子どもの面倒を見てもらい、休日出勤しなければ終わらないことがある。在宅勤務ができればいいとも思うが、そうすると子どもが寝静まり、家事も終わった深夜に仕事をすることになり、身が持ちそうにない。

入社後の5年間

そもそも大和ハウス工業には住宅を希望して入社したものの、大型物件や特殊物件を扱うゼネコンのような部署に配属された。入社後に与えられたのは、駐車場の区画レイアウトと車両入口の独立看板の設計。それだけのことに3日ほど割いた。今なら即日もしくは半日あればできるようなレベ

手伝ってくれる姉兄

ルだ。その後も〝スタッド〟や〝ササラ〟など建築専門用語さえわからないまま、食品工場の計画を担当し、実施図や申請書類の書き方も知らず、怒られながら深夜まで頑張った。業者さんとは朝から夕方まで打ち合わせブースにこもって施工図をチェック、週末は現場へ赴き、施工業者の職長さんと打ちたてのコンクリート土間の上で図面を広げながら納まりの打合せ。現場で教わったことは多い。

今思えば良い時代。女性も少なかったため、現場の男性は優しい。自分の提案が採用され、施主と直接話をしてプレゼンし、ものが実際にでき上がる。1年があっという間に過ぎていった。忙しさやプレッシャーで辞めたい、逃げたいと思うことはあれど、仲間と酒を飲み、愚痴を言う間に5年がたっていた。

7年目——結婚・妊娠・第一子出産

就職時は氷河期で、会社を待遇で選ぶほどの知識や情報はもちろん、意識もなかった。そもそも、私は男勝りで、「奥さん」が欲しいと思っていたほど仕事漬け、結婚などしない（できない）と思っていた。ところが、隣の部署にいた技術職（構造設計）の同期をはじめ、3人の同期が結婚や出産を経験するのを見るうちに、少しずつ考えるようになった。その同期は3人とも3人の子持ちで現在も働いている。

入社7年、29歳で結婚。その頃は中堅の主任として、打合せやスケジュール調整もある程度は1人でできるようになっていた。結婚後半年ほどで妊娠。早く子どもが欲しかったので嬉しかったけれど、モデルケースがなく悩んだ。設計施工を手がける当社の場合、意匠設計者は若手でも大型物件を任されてやりがいがある分、責任も大きい。トータルマネージャーとして施主と打合せし、企画し、それを構造・設備へ展開、申請を経て実施設計を工事へつなげて現場監理まで、スパンの長い仕事を全て1人の担当者が行う。当時、私が手がけていたのは大規模な冷蔵倉庫だった。部署内で設計の女性は私のほかには入社2年目の後輩が1人。妊婦が仕事をすることが一般的ではなかったため、直属の上司と責任者にのみ伝えて、周りには内密にしてもらった。上司も心配はしてくれるがどのように接していいかわからなかったと思う。もちろん、お客様や業者さんにも告げずに仕事を続け、密かに産休に入るような状況だった。

初めての妊娠で何もわからず、つわりもひどく、体調不良で休むこともあったが、張り止めを処方してもらいながら竣工までやりきり、予定日の1ケ月半ほど前に産前休暇へ。30歳で第一子の女児を出産した。

最初の復帰から、第二子出産へ

産後約1年で復帰した後は、17時退社の時短勤務だったが、まもなく遠方での倉庫の計画にも参加し、出張が避けられなくなった。そんな時に子どもが病気になると、ベビーシッターを雇ってやりくりした。1日8000～1万円と高額だが仕方がない。半年後には、子どもが先天性の心臓病で入院したのだが、その時は会社の制度を利用して再度の育児休暇で看護することができた。当社では、復帰後半年働くと子が3歳になる誕生日までに2回目の育児休暇を取れる。私はその間に第二子男児を出産。見事に一姫二太郎となったところで「第三子はありませんよ〜」と復帰前の面談などで公言していた（笑）。

二度目の復帰で改めたこと

1人目の復帰の際に感じたことは、ベビーシッターに頼んでも、やはりしんどいものはしんどい、病気の時ぐらい子どものそばにいてあげたい！　ということだった。そんな復帰時の面談で、上司は「仕事の代わりは他にいるけど、母親の代わりはいないんやから家庭優先でいきや」と言ってくれた。

それまでは、周りの人が遅くまで働いている手前、「子どもがいます」「時短で17時までです」とは言いにくかったけれど、それからは言うことにした。初めは心配だったけれど、お客様にも伝えるようにしていると、メディアや時代のせいか理解して頂けて、打合せの時間まで気にしてもらえるようになり、夕方の打合せがほぼなくなった。当たり前だが打合せをしている先方も、家に帰ればパパであり、育児を相談されることも出てきて、会話の幅が広がった気がする。

同時に、日頃からのリスクヘッジも心がけるようになった。子どもはいつでも急に体調を崩す。そのため何事も先に準備しておく、資料の場所を上司に伝えておく、メールは上司もCCに含めて内容を共有しておいてもらう、等々。次第に子どもの体調を事前に察知する能力（?）もついたようで、本当にまずそうなときの先回りもできるようになってきた。何に付けても「報連相」が一番だと感じている。

3人目の妊娠・出産

2人の育児と仕事の両立が回るようになって2年を過ぎたころ、第三子の妊娠が発覚。2人でおしまい！ と公言していた手前、かなり後ろめたい。新居も購入したばかりのタイミングだった。しかも、3人目とはいえ、食品工場などを企画していたこの時期、においに過敏になるつわりが辛かった。安定期までは公表しづらく、見た目にもわからないので、女性はこの時期が一番つらいと思う。この時期をサポートしてくれるサービスがあれば、もっと働きやすくなるのではないだろうか。

さらに、急な妊娠だったため、進行プロジェクトの真只中で育児休暇に入らなければならない。途中で仕事を引き継いでもらうことが申し訳なく、できるだけ長く自分でやらなければと、産前休暇はほぼ取らずに出産へ。役所協議や現場での検査に立会いながら「途中で生まれてもいいや」くらいの心持ちだったと思う。結果的には、予定日を過ぎるまでしっかり休んでからの出産と相成ったのだが（笑）。

育児に追われる育児休暇

三度の育児休暇を取得したが、休暇とはいっても結局いつも育児に追われるまま復帰を迎える。とりわけ1人目の時はどうして良いかわからず、ひたすら抱っこをしていた気がする。今思うと産後うつもあったかもしれない。それまでは毎日、多くの人に囲まれて仕事をしてきたのが、一転、意思疎通のできない赤子と2人きりで家にこもる日々。夕方、「そういえば、今日はまだ誰とも話していなかったな」と思い出す時の空虚な気持ち。何をしても泣き止まない黄昏泣きや夜泣きに限界が来て、子どもを夫に押し付け、布団を頭からかぶって寝たこともあった。そんな状況を脱したのは3ケ月検診で同じ月齢のママ友ができたから。5人のママ友と、毎日誰かの家に昼から夕方まで一緒に話をしたり、子どもを遊ばせたり、近所の友達のありがたさを感じた。2人目、3人目になると気持ち

末っ子の100日祝い！

の余裕はあって、休暇中にキャリアアップできることをしようと計画はするものの、何もせずに復帰した。

メリハリのある普段の休日

一方、復帰してからの週末は、仕事に追われる平日とのメリハリが効いている。仕事のない土曜日の午前は子どもの習い事に付き合い、昼前からは公園で遊ぶ。お花見やいちご狩り、水遊び、七夕、お月見、ハロウィンにクリスマス、冬には味噌作り、夏は梅ジュースなど季節の行事を大事にする他、日頃から一緒に夕飯やお菓子作りなどを計画。小学生の娘の宿題である、毎週の日記のネタにもなるよう動き回っている。

我が家は夫婦とも酒好きなので、土曜は17時半からお風呂に入り、19時からパジャマで夕飯兼家飲み。子どもたちも長い食事に付き合ってくれて、いろいろなことを話しながら食卓を囲む。毎週何を食べるか？　飲むか？　を考えるのが楽しみだ。忙しいけれど、家のなかに美味しい食事と生花があって部屋が明るくなるようにしていいたい。

職場の変化

部署内は8年前に比べると新入社員や若手に女性が増え、建築営業にも初の女性が採用されるなど、社

恒例の味噌作り

家飲みは休日の楽しみ

内にも変化がみられる。時間的な配慮も整ってきた。家族の誕生日や参観日、記念日に休暇を取るホームホリデー制度や有休の取得が奨励され、半休や時間有給が取りやすい。時短（1～2時間）も小学校3年生まで取れるし、従業員であれば男性女性関係なく1子につき100万円の補助も、出産時は物いりなのでありがたい。残業のためのベビーシッターの補助も制度化されている。

それでも、結婚・出産をしても続けていけるのか不安を抱える女性は多い。一昔前よりは結婚で退職する人は減ってはきているらしいが、意匠の設計者は1人にかかる負担が大きく、トータルマネジメントが必要なので、ある程度のスキルがないと大変だろう。本当はマネジメントに慣れれば、日程調整も自分次第で自由も増えるのだが、それがわかるまでに時間がかかるのだ。私もそのことに気づいたのは三十路になってから。20代半ばでは難しかっただろう。

とはいえ、同じ設計でも戸建住宅の設計には女性がダントツで多い。住宅部門にいる同期は土日が連続で休みではないことが大変そうだが、水曜・日曜を休みにして、参観などは有給を活用しているらしい。せっかく主任クラスまで育った設計者が結婚や出産・育児で辞めてしまうのは会社としても痛手だと思う。実際、若い社員は将来の不安を抱えているようで、最近は他部署の若手から結婚や出産について相談されることもある。そんな時、とにかく仕事を続けてみて考えることを勧めている。

育児は年数を重ねるごとに楽になる。むしろ今後は、介護の必要も考えなければならないかと思うとそちらの方が心配だ。育児の制度を同じように介護でも使うことができるが、まだ周りにモデルケースがない。

三度目の復帰をして

育児休暇を三度経験し、仕事に復帰して感じたことは、「なんだかんだ言って私は仕事が好きなんだなぁ」ということ（子どもにとっても、仕事をしているときの私の方が優しいらしい）。復帰後、すぐにスーパー・診療所・ホテルの複合施設の設計に携わった。設計事務所やテナントと打合せしながら行政協議や実施設計図の作成と申請一式を終えて、現場監理に移る段階に来た。

それ以外に、工場と事務所の設計も動いている。大規模物件のため事前協議から行政との協議が複雑であり、また特殊な工場なのでクレーンとの構造調整をしたり、騒音の出る機器があるため対策をどうするかなども調整中だ。さらに、既存の冷蔵倉庫（1人目を妊娠中に担当した物件）のうち、常温倉庫を冷蔵倉庫に替える計画もあって、既存との取り合いや、結露の問題を検討しなければならない。その他にも、クレーム対応など諸々の仕事が積み重なっている。

仕事はハードだが、自分がたずさわった物件が建ち上がることは、子育てと同様、達成感がある。設計にも、多種多様な経験はプラスになるはずだから、赤ちゃん目線、子ども目線、女性目線、大人目線、主婦目線、妊婦目線、いろいろな目線を持って業務を続けて行きたい。

雨の日の通園

子どもが生まれて変わった、私の思考回路

勝岡裕貴《かつおか ゆうき》

㈱リビタ

1983 静岡県生まれ

25歳 ㈱リビタ入社

29歳 結婚

30歳 第一子誕生

33歳 第二子誕生

▶TL

寛容な職場の風土

私の勤める㈱リビタは既存建物のリノベーションを軸に、マンション・戸建の分譲・コンサルティング事業、シェア型賃貸住宅や商業施設の企画・運営事業などを行っている。不動産業の要素は大きいが提供しているものはハード・ソフト共に多岐にわたるため「リノベーションで暮らしと生活をデザインする集団」と言うのが適当だろう。それも影響してか新入社員、転職者含め建築学科・業界やそれに近しい分野出身の社員が比較的多く入社している。

社員や会社の特徴として、20～30代の若手中堅社員が多い、女性が約半数いる、共働きのファミリー世帯が多い、フレックス勤務で有休や夏季休暇の取得も柔軟に取れる、などが挙げられ、子育てに関しては寛容な風土がある。細かく言えばここ4、5年で子育て世代が急増してきたこともあり、自然とその風土が醸成されてきた部分も大きいだろう。そのような環境があるので、私だけでなく男女ともに子育てをやりくりできている社員は多い。改めて振り返ってみると子育てしながら働いていること自体にストレスがないということは、子育てに寛容な環境あっての結果なのだろうと思うと、この会社で働けていることの有難さを実感する。

私のこと・妻のこと

私の仕事は、中古戸建・中古マンションの仕入れ・リノベーションの企画・販売管理を一貫して行うことで、プロジェクトマネジメントや営業の側面が強い。その中でも仕事のウエイトは仕入れ営業の割合が多い。取引先に継続的に営業活動をしながら月何十件にもわたる仕入案件の査定を千本ノックのようにこなし、具体的に事業化できそうな案件については物件調査、社内稟議、買付契約という一連の流れを、短い場合は数日で終えなければならず、突発的な短距離走のような業務が月に複数物件、断続的に舞い込んでくる。そのためスケジュールは流動的で予定が立てづらく、残業や時に休日出勤も、状況によってはどうしても

子育て生活と仕事の両立が軌道に乗ってきた頃のプロジェクト
(2016年竣工、所在地：東京都港区南麻布)

発生してしまう場合がある（最近は社内の働き方改善などもあり、ほとんどなくなった）。一方で突発的なものがなければ比較的スケジュール管理はしやすく、早く帰り子どもを迎えに行く、朝子どもと触れ合う時間をとってから出社するなど、週・月単位でメリハリをつけて子育てと仕事を両立できる。

比較的子育てよりも仕事のウエイトが高くなってしまっているのが正直なところだが、この生活ができているのも妻の協力あってのことである。妻は、都市計画コンサル会社に勤務しており、ひと通り産休・育休を取得した後復職、時短勤務を経験して通常勤務を行っている。会社の中にワーキングマザーがいることや会社の理解も得られていることもあってか、仕事内容や仕事量を調整しながらなんとか仕事と子育てを両立している。今のところ突発的な残業は発生しておらず、積み残した仕事がある場合は子どもの就寝後に取り組んでいるようである。

慌しい日常と家事分担

現在は第二子が生まれ妻が育休中のため、第一子の娘（1～2歳）が保育園に通い、妻の通常勤務に戻った頃の育児の状況を紹介したい。

朝はたいてい6時半ごろ私が先に起きてシャワーを浴びてから、朝食の準備を行う。準備と言っても昨晩の残りや簡単に作れるサラダ程度で数分で仕上げられる程度のもの。娘はミニトマトや納豆、枝豆など手のかからないものが好きなので案外助かっていた。

基本、寝起きがあまり良くない（特に寒い冬は）娘を7時頃起こし準備ができた朝食を食べさせる。なかなかすんなり食べてくれず食べ始めてから30分過ぎてもまだ食べていることも多い。食後のフルーツをたよりになんとか食べ終えさせ、その後に保育園の準備。一筋縄ではいかない子どもの着替え、歯磨きはyoutubeのお着替え・歯磨き動画を見せながらなんとか終わらせ、8時過ぎには妻に見送られながら保育園へ送り出し、そのまま電車で会社に向かい9時過ぎには出社し仕事を開始する。

妻は保育園の迎え・夕食・寝かしつけまでを行っている。妻は17時頃退社し18時～18時半には保育園に到着、娘と歩いて帰宅しそこから夕食準備。娘にはアニメを見せながら時にお話をして準備を進めて19時～19時半には夕食を食べ始める。食べ終えてからは短い時間ではあるが娘と一緒にひとしきり遊び20時半ごろにはお風呂に入れ始め21時～21時半には一緒に就寝する。

私は平日の多くは業務で寝かしつけのタイミングまでに帰れるかどうか微妙なことが多いため、基本は迎え以降の家事育児は妻に任せてしまっている。中途半端な時間に帰ると子どもが興奮して寝ないこともあるため、早く帰る日とあえて遅く帰る日のメリハリを付けるようにしている。

水曜日は私が定休のため、妻の代わりに迎えから寝かしつけまで、私1人で行い、妻には仕事の後を自由時間にあてでもらっている。その他、週に一度は私が迎えに行く（難しい場合はお風呂を入れる時間までに帰る）ことを目標にしている、がなかなか思い通りにはいっていないのが現状である。

土曜日は私の出勤日だが、妻と娘は休みなので、フレックスであることを活かし朝は少し出社を遅らせて、家族とゆっくりする時間をとっている。

このように一連の家事の多くは妻が実施してくれているが、極力家事に割く時間を減らす工夫をしている。洗濯はドラム式でできるだけ乾燥まで実施。食材に関しては宅配サービスを利用して極力平日の買いだしを減らしている。スーパーよりも安心できる食材を無駄買いすることなく購入できるのは魅力的だ。子ども水、トイレットペーパーなど重くて大きい日用品についてはネットショッピングを活用している。子どもと妻だけで買い物に行くときに荷物が多くなるのはかなりの体力消耗になるらしい。私の家事分担は、週末の掃除、布団干し、ゴミだし、休日の食事作りや皿あらい。

子どもが生まれていろんな変化が

まわりの話を聞いていると、私の家事育児の割合は決して多い方ではないと思うが、恥ずかしながら子どもが生まれる前は、ここまで家事育児を担当することはあまり想像してはいなかった。今となっては夫である私が家事育児を妻と一緒に行うのは当たり前という考えであるが、そうなっていったのは、共働きでいないとゆとりをもって生活ができなくなってしまうという経済的な理由もあるが、妻との会話を重ねる中で醸成されたところが大きい。妻にとっては子育ても家事も夫婦が協力し合って進めていくことが前

毎朝の送り風景。慌しい朝は自転車で登園したくなるが、娘とのコミュニケーションがとれる楽しい時間でもあるので徒歩が多い

提で、仕事もずっと続けたいと考えている。そういう価値観を日々の会話の中から理解していくうちに、一緒に働き一緒に家事育児をしていくのだから、自分の事ばかり考えて妻に我慢を強いることはお互いに良くないことだと思うようになった。

また、思考回路や時間の使い方も変わった。これまでは仕事の割合が多くを占めていたが、娘が生まれて家事育児を行うようになってからは、家族のことを考えてから仕事のことを考えるようになった。少し引いて考えれば家族と仕事、どちらが大事かは一目瞭然であるけれど、日々多忙な毎日を送り、目の前の仕事をしなければならない環境下にいると意外と忘れてしまいがちである。

これまでは残業を省みない働き方をしていたが、娘が生まれてからは家族のために時間をつくろうと、前もって仕事量や時間を調整するようになったし、スケジュール管理も頻繁に行うようになった。どうしても処理しきれないときは1人で抱え込まず、周りの社員や取引先に事情を説明し理解を得るようになった。

そういうマインドセットと実際の行動ができるようになってくると不思議と、少しずつ人への思いやりの気持ちが増えてきたようにも感じるし、より健康的な生活を送れているような気もしている。面白いことに、営業についてもこれらの制約とは相反して良い結果を残せている。

子育てと仕事のマネジメント

子育てと社員のマネジメントは似ている。上の娘が生まれた後に、チームリーダーという役職が与えられたり部署全体を取り纏めていく仕事を行うようになり、マネジメント色の強い業務が増えてきた。まだ慣れていない分、上下関係のコミュニケーションがうまくいかなかったり、どうチームビルディングしていけば良いか迷ったりすることが多々ある。こういう時は意外にも子どものしつけからマネジメントにも応用できる気づきを得ている。子どもをぐずらせずに保育園まで導いていくために、支度やご飯を食べるのを単純に急げ急げとあおっても逆効果なことも多いので、ゲームっぽくしたり、競争したり、一緒にやることで

事務所のようす

やる気にさせたりしている。こういう子育て上のトライアンドエラーを応用して、仕事上のメンバーとのやりとりを実践するケースもある。

例えば、子どもにこれはだめだよと叱る時、本人ではなくモノを叱ることで駄目なことを理解させるという叱り方があることを学んだが、これを仕事上応用して、少し頑ななメンバーに何か諭さなければならない時は、あえて本人には言わず間接的な第三者に対して言及することで悟ってもらうようにしてみたり。結果が伴っているかは今の時点では定かではないが、自分の中では良い相乗効果を生めていると思っている。

こう伝えたら相手はどう考えるか、どう動いてくれるか、というのをより一層考え発言、行動できるようになったのは大きな成果だと思う。

子育て世帯になったことで仕事に深みが増す

先にもふれたように、中古マンションのリノベーションの企画にも携わっているのだが、子育てが始まってから物件の企画が血の通ったものになってきている。今市場に出回っているｎＬＤＫ間取りの物件は大体テンプレートがあって、ＬＤは〇畳、洋室は〇畳以上、お風呂はこのぐらいの大きさで、といった暗黙のルールがある。これまではそのテンプレートを下敷きに引いたうえでリビタらしい物件へとカスタマイズしていたのだが、そこには他でこういうのが成功したからとか、過去のお客さんがこうやってい

この物件は今の住まいのプロポーションに近いので、居場所のつくり方など、等身大で企画できた（2017年竣工、所在地：東京都港区白金）

たから、など実感値ないまま企画していることが多かった。

実際に子どもができ、「共働き3人家族」を体験してみると、こういう間取りだと使いやすそうだなとか、収納はこれだけじゃ足りないなとか、個室は最低限でいいなど、実感を伴って見えてくることが多い。

見せかけや過去の成功体験の焼き直しでなく、血の通った企画をした物件は大体お客さんにも伝わって良い結果になっている。

また、単身男性、ＤＩＮＫｓ、3人家族、4人家族など、広く想定するターゲット層の幅を経験できていることは、企画の強みになっているなと思う。

妻とのコミュニケーション

子育てをしていて気づかされたのは、妻とのコミュニケーションの大切さである。

二つあって、一つは家族としてのコミュニケーション。今日、娘の保育園でどんなことがあったとか、来週のお迎えはお願いできないかとか、子どもに関することで、これは家事育児を進めるうえでは必要に駆られるので実施できている。

もう一つは大人としてのコミュニケーション。最近こんなことを考えている、仕事でこんなことがあった、最近○○に興味があって、など。こういった会話は仕事と家事育児と慌しい毎日を送っているとなかなかできない。特に我が家の場合は休みもずれているので、1人の時間はある程度確保できるけれども、落ち着いて2人で話す時間は意識してつくらないとどんどんなくなってしまう。実際に、お互いに仕事が立て込んだりした時期は、家族としてのコミュニケーションばかりになってしまって、少しずつすれ違いというか恋愛末期みたいな状況になってぎすぎすしてしまった時期が何度かあった。父母である前に、夫婦である、という言葉がよくしみる気づきである。

上の娘との2人暮らし

娘が2歳になり家事育児もある程度慣れてきたタイミングで、第二子の娘の妊娠が判明。上の娘の出産の際は妻が富山の実家に里帰り出産、産後1ケ月は実家で育てていたが、どうやら今回は実家の都合で娘2人の面倒はみられないようで、産後、上の娘と私の2人で東京で1ケ月ほど生活しなければならないことがわかった。私の実家は静岡のため毎日のサポートを父母に頼ることもできず、また長期間父母に東京の賃貸暮らしの狭い家に居候してもらうのも心理的に気が引け、お願いができなかった。となると育休か？　と頭をよぎったが、時期的に繁忙期にかかる可能性もあったことや、1ケ月休むことで営業に影響が出る不安があったため、決断できず。結果的に1ケ月限定で9時～17時の時短生活で上の娘と2人で生活をすることに決めた。

幸いにも年度明けから時短生活をスタートできたため仕事量はそこまで多くはなかった。極力営業活動は最小限に控え、突発的な案件にも時間内で対応できるように調整した。とはいえ営業目標は変わらないので、限られた時間の中で成果は出しつつ、先に紹介した家事育児の1日の流れを毎日自分1人でこなすのはメンタル面でも体力面でも大変であった。特に迎えから寝かしつけ迄の約3時間は本当に慌しく、かつ娘とコミュニケーションをとれる時間を確保しなければならないし、終始思惑通りいかなかった。

ふと一息つきたい帰りの電車でもスマホで料理の献立を調べ、速足で保育園に迎えに行き、帰りは早く帰って食事の準備をしたい気持ちを抑えて娘と手をつなぎゆっくり歩きながら帰り、料理中の子守は罪悪感もありながらアニメにお任せ、段取り不足なのでキッチンはぐちゃぐちゃ、なかなか食べない娘を叱っては喧嘩になり、皿洗いまでできないので寝かしつけ後に後回し…、なかなか思い通りには事は運ばず寝る時間も21時半を過ぎてしまうことも。毎日これをやっている妻には頭が上がらないなと思うと同時に夫婦が協力して実施することの大切さも改めて実感した。

ずっと同じ毎日ではめげそうだったので週末ぐらいは手を抜きたくなり、近所のお好み焼き屋さんや大手チェーンの定食屋さんで2人で夕食を済ませていた。決して健康的ではない食事で少し気は引けたけれど「パパさんと一緒にご飯食べるとおいしいね」と言ってくれる娘に救われた。

これまでは勤務後飲みに行くなど少なからず1人の時間は確保できていて、気持ちのバランスは取れていたのだが、今回はその時間も取れなくなるので、始める前は心配ではあったが、実際にやってみると逆に子どもとの時間をもっととりたいと思えるようになった。これまで以上に家事育児に向き合うことで、子どもと一緒の時間を過ごすことの大切さ楽しさを改めて実感している。

地域とのコミュニティ

夫婦ともにまちづくりやコミュニティマネジメントに興味があり、地域との接点を持ちながら暮らして

手抜きだが野菜はたくさん食べさせたい

みたいという意識もあって、保育園内ではパパさんママさんとよく会話している。そのおかげで私も妻も気さくに話せるパパ友・ママ友がだんだんとできるようになった。今となっては定期的に複数の家族ぐるみで食事をしたり、パパ会という飲み会が開催されるほど仲が良い関係になっている。私が時短生活をしていた時期には、状況を心配してくれたパパ友ママ友が「もしお迎えが大変な時は代わりに行くよ」とか「たまには一緒にどこかに夕ご飯食べに行こうよ」と声をかけてくれた。実際にはそこまで手を借りることなく何とか1ケ月を過ごすことはできたけれど、時に1人で娘の面倒をみていて心細いこともあったので、その気遣いが本当にうれしかった。

夫婦ともに地方出身で困ったときに頼れる人がいないことは、娘が生まれた当初から懸念していたけれど、地域に根を下ろし始めたことで近所に支えあえる人たちができたことは、我々家族にとって大きな出来事である。

保育園探し

ニュースで取り上げられるように実際は本当に大変だ。今は練馬区に住んでいるが、ここに越してきた理由は保育園がそこしか受からなかったからである。

子どもが生まれる前は目黒区内の１ＤＫに住んでいて、さすがに3人で住むには手狭で家賃も高く、近くに認可、認証含めて保育園がなかったので、保育園ありきで引っ越しすることを前提に、まずは保育園探しから始めた。妻の会社の繁忙期の兼ね合いで復職の時期を遅らせられなかったので「保育園入れない」問題にかなり敏感になっていた。実際に保育園探しを始めたのは妊娠4ケ月ごろの5月頃から。情報を集めていくと4月入園以外、1歳児クラスから入るのはかなりハードルが高い、区外からだと認可は不利という話を聞いていたので、早すぎる印象はあったものの産後5ケ月にあたる翌年4月に0歳児の認証保育に入園することを目指した。

妻と私の通勤のしやすいエリアを前提に広く探すにしても、なじみのない場所や誰も知り合いがいない場所は不安なので、過去に住んだことのある世田谷区の東急世田谷線界隈、妻の友人家族が家を購入して住んでいた今の住まいのあたりにエリアを絞って選定。保育園調査は私の担当。水曜休みを活用して事前予約をして園を訪問して選考基準や待機状況などをヒアリングした。全部で10か所ぐらい回っただろうか。この園素敵だなと思うところはやはりどこも入るのは難しい印象で、選んでいられる状況ではない。どこかに入れるだけで幸い、と思わなければやっていけないのだと改めて感じた。

結局、世田谷区内の保育園は全て落選、練馬区で唯一当選したところは早めに活動していたのが功を奏しなんとか無事入園することができた。

改めて共働き家庭の住む場所選びは保育園に大きく左右されるのだと実感。もちろん、住む場所を優先して遠い保育園に通わせることや認可外保育園を活用する選択肢もあったが、共働きであることを考えると通勤通園の時間は極力短くしたく、その分を家事育児の時間に充てたかった。

いずれにしても、首都圏で共働きをしながら子育てを行う以上、保育園問題は避けて通れない。会社や働き方の事情で復職時期を遅らせたくない方は、妊娠をきっかけに子育ての観点から住む場所を見直してみること、遅くとも、どのタイミングで入園するのが良いのかを見極めて、できる限り早いうちから情報を集めること、実際に足を運んで園の環境や保育士の様子、選考基準を把握することをお勧めしたい。

慌しい毎日に備えて

現在は妻も下の娘も我が家に戻り家族4人で生活している。これからは、妻の復職に伴い、下の娘の保育園問題や、娘が2人いる状態でのワンオペレーションの生活などこれまで以上に大変なことが満載だ。ただ大変なこと以上に、楽しいことや幸せなこともいっぱいだ。何より家族が増えて日々の生活の中で笑うことが増えたなと思う。これまで以上に夫婦で協力し合って家事と子育てをしていきたいので、私の働き方や子育てへのかかわり方を見直す良い機会にしたい。

仕事も子育ても発見の連続

鈴木悠子《すずき ゆうこ》

㈱三菱地所設計

▶TL

1979	24歳	28歳	30歳	32歳	35歳	38歳
大阪府生まれ	㈱環境エンジニアリング入社	結婚	㈱三菱地所設計入社	第一子出産	第二子出産	第三子出産予定

設備設計の醍醐味

大学院卒業後、設備設計事務所で6年半働き、その後三菱地所設計に転職して8年が経つ。もともと、建築家の設計する建物に技術担当者として関わりたいという希望があり、建築家の物件を多く担当している設備設計事務所に就職した。そこまで大きな事務所ではなかったので、個人に任される部分も多く、いろいろな経験をし、今振り返ってみても得たものは多い。小さな住宅や別荘から、博物館などの公共施設、官公庁の物件など建物のバリエーションも様々で、設計の初期段階から実施図面の作成・積算業務、着工後の現場監理までをほぼ外注せずに行う事務所だったため、自ら手を動かし覚えていくことができたのが特に貴重な経験だ。しかしながら、超高層物件や延べ床10万㎡を超える物件などは携わる機会がなかったことと、時期的な問題か担当物件の規模の問題なのか（あるいは一番初めに削られてしまうフィーだから）現場監理や竣工後のアフターフォローをじっくり行うことが、あまりできなかったことから、30歳の時に転職した。設備設計においては、必要な設備が大きく変わる「レベル」がある。例えば空調設備では概ね延べ床4～5万㎡を超えると「熱源設備」を設ける場合が多い。それ以下の場合ではパッケージングされた空調設備でまかなうことが多いため、「熱源設備」の設計に携われるか否かは物件の規模に左右される。空調だけではなく、衛生設備や電気設備でも同様にある面積・ある高さ以上、もしくはある用途で

〈大手町パークビルディング〉（手前）約15万m^2、高さ150m、地上29階地下5階、念願の大規模プロジェクト。用途はオフィス、サービスアパートメント、商業店舗など（所在地：東京都千代田区、撮影：三輪晃久写真研究所）

地下5階の空調主機械室。延べ床面積の大きさ、用途の複雑さに比例して機械室も複雑に（撮影：川澄・小林研二写真事務所）

しか必要とされない設備が多いため、経験値が大きく担当物件に依存してしまうのである。転職後は希望がかない、東京大手町の超高層物件を設計から現場監理まで担当することができた。

「設備設計」という職種は、私が仕事を始めた時点では、私にとってマイナーだった。私自身、大学・大学院在籍中に実際の建物の設計をやりたくて意匠系の研究室に所属していたため、就職時は電気設備と機械設備の違いもよくわかっていなかったくらいだ。当時、少し年上の意匠系の先達に恵まれていたこともあり、すでに実務をこなしている人たちから「設備設計という専門職があって、人も不足しているけれど絶対に必要な仕事だ」と言われて興味が湧いた。自分としても美術よりは工学の方が得意なので、やってみようと仕事として選んだ。

実際に始めてみると、「絶対に必要な仕事」と言われたのは本当で、水やお湯や電気が使えて、暑さ寒さから建物と利用者を守ることの多くが設備の仕事だった。私は今「機械設備」を専門としているが、具体的には給排水衛生設備（給水給湯、排水などの水回りにかかわる部分や、スプリンクラー設備などの消火設備が該当する）と空気調和設備（空調や換気などの室内の環境を保つ部分、また機械類を正しく動かすための中央監視設備などが該当する）の設計・現場監理を行っている。設備設計の仕事は、計画した内容がそのまま竣工後の光熱費や維持管理費に直結することが多い。そのため、設備の知識を以て運用後の姿を見据えながら、意匠設計・構造設計などと共同して計画を進めていくのが醍醐味だと思っている。

また、工事準備期間における施工関連図書の確認や、躯体工事中における設備対応、設備類設置後は建物竣工まで試運転状況の確認を行うなど、工事の最初から最後まで携わる必要があるのが特徴である。さらに、いわゆる「テナント工事」と呼ばれる、建物内の内装関連工事でも出番が多い。竣工後は機器類が想定通りに動いているかどうかを確認したり、より効率の良い運用を提案する仕事もある。かつて、仕事は飽きたらおしまいだと思っていたが、約15年たってまだ興味の持てることがいくつもあるので、いい職種を選んだなと現時点で評価している。

念願の大規模物件と2度の妊娠・出産

私生活では32歳で長男、35歳で次男を出産、ただいま妊娠中で半年後に第三子出産予定である。なお、私が28歳の時に結婚した夫は構造設計事務所を主宰している。

転職して約1年後に第一子の妊娠がわかった。その時点で、社内の技術系総合職の女性では確か3人目の産休・育休取得者だったと思う。最近では女性の技術系社員も増えて、産休・育休取得経験者は21人いるらしい。当時所属していた部署では初の妊婦だったが、直属の上司から「これからどんどんこういった人（産休・育休取得者）が増えていくのだから、思ったことを言って希望を伝えていった方がいい」といったようなことを言われた。妊娠中のトラブルは、1人目2人目の時はなかったが、歳をとったせいか3人目妊娠中の今は妊娠糖尿病になったり、立ちくらみや体のほてりがあったりで、今更ながら妊婦って

担当していた工事現場の親子見学会に参加。オフィスの中を裸足で全力疾走する子どもたち

大変…と感じている。つい先日、朝の通勤電車がつらくて、朝の保育園の送りを夫にバトンタッチしてもらったばかりなのだが、理解のある夫で良かったなと思う次第である。

1人目出産前までは完全に仕事中心の生活で、締め切り前は終電帰宅やひどい時には徹夜で作業していた時もあった。子どもが生まれてから復職後はしばらく完全に家のこと中心で過ごしていたが、時短勤務を解除してからはもともと担当していた大手町パークビルディングの設計を中心に、いくつかの物件を主体的に担当することができた。

2人目の産休・育休中は同物件が工事中だったが、約8ヶ月休んだ後に元のポジションに復帰、竣工までたどり着くことができた。この頃は仕事量も多く、子どもたちは土曜日や夜間の延長保育も含めて保育園にお任せし、自分は全力で物件に没入していた。大規模物件の設計から現場監理までを通しで行うことが転職した目的だったので、思う存分やりたいようにやり、その結果、竣工まで担当できた満足感は格別だった。2度の長期休みにもかかわらず、一貫して同じ物件を希望通り担当させてくれた、上司をはじめとした会社の方々には本当に感謝している。

管理職になって

会社には子どもを連れて行ったりするような機会は今のところないが、大きな物件を担当できたおかげで、工事中の現場の家族見学会に子どもたちを連れて行けたことは建築の仕事ならではだと思う。我が家の子どもたちは重機や機械が大好きなので、楽しみながら自分自身の仕事も知ってもらえる。もっとこういった機会があれば良いなと思う（なお、見学会は夫も楽しんでいたようである）。

件の建物が竣工して、今は少し落ち着き、土日をきっちり休んで子どもたちと遊びに出かけたり、お迎えも遅くならないようにしている。現場監理の最中は時間が思うようにならないことも多いが、それ以外の部分ではもっといろいろと効率化できると思っているので、慣例化している無駄な仕事を減らしたり、効率化した方法を考えて普及を進めたい。例えば、時間に制限があることを宣言しておくことで、会議や打合せの時間を区切って短時間で終わらせたり、予定や話し合いたいことを事前に共有しておくことで、生産性の低い打合せを減らすといったことが、自身で徹底していることである。私自身、この4月に年次が上がり管理職になったが、こういった地道な取り組みこそ、評価されるべきと考えている。また、せっかく大きな会社に所属しているので、これから子どものいる生活を始めるであろう多くの人たちに、羨ましい事例として自分を見てもらえるようになりたいところである。産休・育休を取ることや、時短勤務を選ぶことでの仕事上のデメリットは、一時的にはあるかもしれないけれど、決定的なマイナスにはなっていない。むしろ、より効率良く仕事をしようという気持ちになるし、具体的に工夫をしてどんどん実践するようになる。一方で、まだ小さな子どもと一緒にいる時間が、仕事をすることで相対的に減っても、その分ちゃんと一緒にご飯を食べよう、次の休みに何をするか子どもと相談しようと、よほどメリハリのある生活になる（正直なところ、私は仕事がなかったら朝もろくにきちんとした時間に起きず、手抜きなご飯が大半になってしまうような気がする…）。

何より、もっとお父さんの方も育児休暇を取るなりして、子どもとべったり過ごす時間をつくった方が良いと思うので、周りの人には2週間くらいでも良いのでできるだけ育休を取るよう推奨したい。2週間たって職場に帰ってきた頃には、それまでなかったような段取りの良さや先回りしたアイデアを身につけていると思う。

毎日の時間割

平日は定時出勤で、9時過ぎから18時前までが勤務時間。子どもたちがまだ保育園児なので、朝夕は保

■標準的な1日のパターン

※夜の炊事／保育園お迎え、家事・炊事／寝かしつけ　は、夫婦で逆転するパターンもしばしばあり。　犬の散歩はできる方がやる。

※妊娠中は保育園送迎の当番が逆転していることもあり。相談しつつ、できるほうができることをやる。

■時短勤務時代（長男出産後の復職から、約半年間）

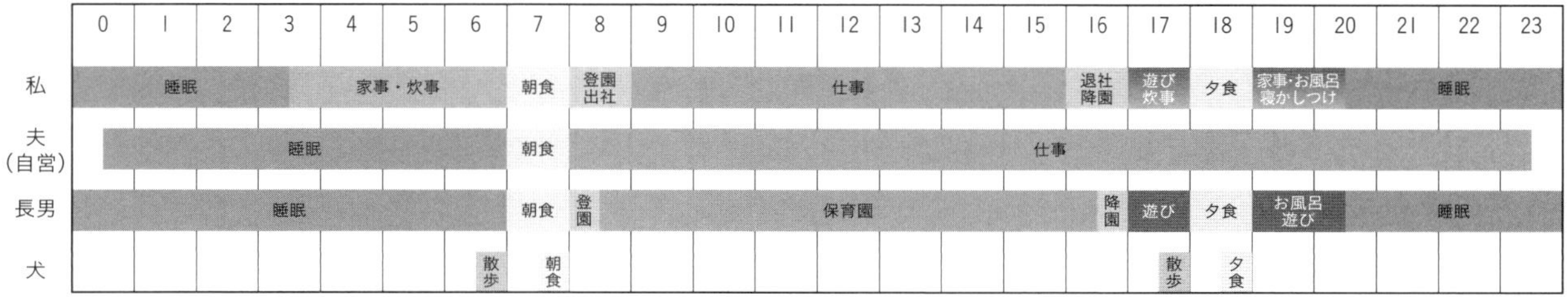

〈イレギュラーなパターン〉

子供の発熱などの体調不良で保育園に行けない！　→　自宅から約1時間の距離に住む、義父母に即電話。ほぼ100%家まで来てくれる、強力な助っ人。

昼間に保育園からお迎え要請！　→　夫と私で相談して、行ける方ができるだけ早くお迎えに。保育園から早目に連絡してもらうようにしているので、当日中に病院を受診して、翌日からのスケジュールを早目に組む。なお、保育園からの連絡は「状況報告」といった感じで、「すぐに来てください！」という調子ではないのが精神的にはとてもGood！（すごく良い保育園です）

出張や飲み会で夜（または朝）家にいられない！　→　早目に夫と私で共有して、もう片方が全部こなせるようにスケジューリング。保育園の延長保育を利用することもあり。

1日のタイムテーブル

育園を経由して通勤する。通勤通園時間は合わせて片道1時間、雨が降ると1時間半といったところなので、朝は8時頃に家を出て、19時頃に帰宅する。

夫は、平日は自宅に子どもがいる時間帯（寝ている時間を除き）には在宅するようにしている。朝食を家族全員で食べて出勤、18時頃には帰宅し、夕飯の準備をする。夕飯は家族全員で取ってから子どもとお風呂に入り、その後も子どもと一緒に21時過ぎに就寝。未明（朝4時くらい？）頃に徒歩圏にあるオフィスに出勤して、また朝食の時間に帰宅する。

初めからこういったスタイルではなかった。長男が保育園に通い始めて半年くらいは、いわゆるワンオペ育児に近く、私は16時前には仕事を上がって、その後の時間で育児と家事をこなしていた。自分としても初めての子どもだったので、ご飯や就寝時間を守るのは絶対、子どものご飯も今と比べると手のかかるものを作っていた。それを実現するためには、仕事にかける時間を短縮するしかなく、時短勤務に伴う

電動3人乗り自転車	我が家は保育園が遠いので必須
全自動洗濯乾燥機	1日平均6時間以上稼働
食器洗い機	かつて住んでいた家にあって大活躍、今の家にはないので何とか導入できないか検討中
ルンバ	いくら自分で掃除しても、いつも床がざらざらしているので、あると大活躍
各種宅配	週2回野菜など食品が届く。重いものもほぼ宅配で
家計簿アプリ	たまには引いた視点で家計をチェック。優秀なアプリで手間いらず、夫との金銭的な話し合いもスムーズに
夫	自分と同じ目線なら（ここが大事）、最強のパートナー
助っ人	我が家の場合は義両親。保育園のパパママ友達や子どものいる友人たちも貴重な助っ人
理解のある上司	育休取得後も希望通り元の物件担当にしてくれた上司が、私にとってはキーマンだった
子どものいる女性の同僚	近い目線で情報収集している仲間は貴重
子どものいる男性の同僚	子どものいる家庭の騒がしさはどこも一緒なので、共感しつつ情報交換して自分の味方に
その他の仕事仲間	子育てと関係のない話題に努力せずとも触れられるのも、仕事をしているからこそ
楽しい仕事	楽しいのが一番
楽しい職場	楽しいのが一番

子育てと仕事を両立するうえで、あるとよいもの

デメリット（賃金の低下、カウントされない残業時間、仕事内容の限定など）を受け入れざるをえなかった。

そういう生活を半年くらい続けていたある日、夫が時短を解除してはどうか、自分は夕飯の時間に帰ってきて、明け方に仕事に行くスタイルにしてみるから、と自発的に提案してくれた。

当時、会社の制度が今ほど整っておらず、時短を選択することによるデメリットが大きく、多分、家でもよく不満を言っていたんだろうと思う。夫の提案は私にとっては渡りに船だったので、毎日の時間配分に不安もあったが時短を解除することにした。そこから、家事育児の配分は私と夫で徐々に公平になり、私はより積極的に仕事に取り組めるようになって今に至る。私の入院時期や2人目の誕生を経て、今では夫も家事・育児業務の全てをこなすことができるので、出張で2、3日くらい不在でも、問題なく過ごすことができる。

家事・育児のお助けアイテムとサポート

電動3人乗り自転車、洗濯乾燥機は毎日活躍し、床の掃除はルンバとクイックルワイパーは欠かせない。子どもが生まれてから何度か引っ越しをしているが、今の家には食器洗い機がないのが不満なので、なんとかつけられないかを模索中だ。食料と日用品は宅配で週2回届けてもらって、子どものものや自分のものは適宜ネット注文。

子どもが元気な時は夫婦2人で問題なくこなせているが、家族の誰かが体調を崩したら、車で1時間ほどのところに住む義両親に頼っている。いつでも快く子どもを見てくれたり、遊んでくれたりする、とても素敵な義両親で、自分たちは恵まれた環境にいるんだなあとよく思う。

実は義両親に体調不良の子どもを預けるのも、時短を解除した後からだった。もしも、復職後時短を選択したままワンオペ育児を続けていたら、今ほどの子どもたちと義両親の関係も築けなかったと思う。毎度毎度、夜に突然電話をして明日来て欲しいとお願いして来てもらっているが、おじいちゃんおばあちゃんのことが大好きな子どもたちと義両親も過ごせるので、これで良いということにしている。

発見の連続

子どもが生まれて以来、旅行や休日の過ごし方はがらりと変わった。かつてヨーロッパ旅行中に出会った日本人旅行者に自分たちの旅程を話したとき、「詰め込みすぎ!」と驚かれた。それほど行先が多く、どんどん移動していくタイプの旅行が多かったのが、今は滞在型というか、一つの場所でゆっくり過ごすことが多い。山でキャンプをしても海に行っても、子どもたちは勝手に色んなことを発見してくるし、田舎の友人宅に行くと子ども同士で探検に行き色んな経験をしてくる。リゾートホテルのようなところも縁がなかったが、泊まってみるとなかなか興味深かったりして、知らない世界に少し足を踏み入れたような気持ちである。

週末は子どもたちが大好きな近所の大きな公園に行ったり、動物園や水族館、プラネタリウムや博物館

兄弟。義両親の家で夏野菜を収穫

積み木。長男が作る作品は壮大。ただ積むだけではなく支えを一度入れて安定した後に支え材を抜く、などと作り方も工夫されていて毎度「すごい！」と思う

まで遠出をしたりもする。家に世界地図のポスターを貼ったら、長男が国名と国旗をどんどん覚え、これは国なの？　なんで国旗の絵本と違う国旗なの？　と私たちが気づかないことを質問してきて、面白い。

私は運動全般、苦手なのに、長男の運動神経がびっくりするほど良く、遺伝子というのは不思議だなあと思ったりする。長男がよく積み木や立体パズルで大作を作っているが、次男がまた趣の違う大作を保育園で作っていたりして驚いた（家では兄優先で作品が作られるので、披露されない）。

健康に長生きしたい

思い返せば、自分はすでに小学校高学年の時点で家族旅行に行きたいと思わなくなっていた。来年は長男が小学生になる。子どもたちもどんどん自分たちでいろんなことができるようになっていくことを思えば、親と一緒に遊んでくれそうな年齢までは、できるだけ旅行に行きたいし、遊びに行きたい。

子どもが生まれるまで、子どもにも育児にも全く興味がなかったが、いざこうしてたくさん子どものいる環境に身をおくと、どの子も可愛くて、鬱陶しくて困ったことを引き起こすけれど、しかし楽しい存在になった。もちろん「子どもをもつ」というのは一つの選択でしかないが、総括すると楽しいことの方が増えたと思う。子どもの世界がどんな風に広がっていくのか、あと10年くらいは飽きずに過ごせそうなので、ぜひ健康に長生きして楽しい時間を長く過ごしたい。

ある構造設計者の日常——
自分の判断でどう生きるか=働くかを選択する

木下洋介《きのしたようすけ》

木下洋介構造設計室

▶TL

1978	神奈川県生まれ
25歳	金箱構造設計事務所入社
29歳	結婚
31歳	第一子誕生
32歳	第二子誕生
33歳	木下洋介構造設計室設立
35歳	第三子誕生

アトリエ系構造設計事務所を営む

私の職業は構造設計者である。営んでいる構造設計事務所はこの業界では「アトリエ系」と呼ばれる部類に入る。構造設計事務所はその名の通り建築の構造を専門として設計を行う事務所で、そのなかでも「アトリエ系」の事務所は基本的に1人の構造設計者を中心とした小規模の事務所を指している。「構造家」もしくは「構造設計者」と呼ばれるエンジニアが、アトリエ的な小規模事務所を営み建築家と協働しながら建築作品が設計されていることはある程度知られているかもしれない。しかし、「アトリエ系構造設計事務所」がリアルにどのように仕事をし、営まれているかはあまり知られていないのではないだろうか。子育てを含めて私のような生活スタイルで事務所を営んでいる構造設計者の日常を知ってもらうことで、構造設計の世界を志す学生の方には、アトリエ系構造設計事務所への垣根を低く感じていただけたら嬉しい。

自分自身がこの業界に入ったきっかけは、やはり優れた建築作品をつくることに関われる魅力が大きかったのは事実であるが、修行時代8年、独立して7年を経て、アトリエ系の事務所の魅力は生み出される作品と同じくらい、その働き方の選択の自由さや、どうやって働いていくか＝どのような人生を生きるかを自分で決められることにあると感じている。特にそれは修行時代に独身の身の上で仕事に没頭してい

〈ちぐさこども園〉木造の吊り屋根による大空間で一体的な園舎を実現している
(意匠設計：環境デザイン研究所、所在地：群馬県、撮影：新建築写真部)

〈坂の上テラス〉コーポラティブハウスの複雑な空間構成に対応するため外周のRC壁を浮かせている（意匠設計：成瀬・猪熊建築設計事務所、所在地：東京都、撮影：西川公朗)

た頃よりも、家族を持って自分以外の様々な事情により時間をコントロールしなければならなくなった今の方が、よりその魅力を実感している。

修行時代と結婚、夫婦のイメージ

私は大学院を出て都内のアトリエ系構造設計事務所に就職した。意匠事務所も同じような感じだと思うが、アトリエ系構造設計事務所も基本的に師匠について何年か修行をし、その後独立するのが通例である。私が師事したのは同じ大学の大先輩にあたる構造設計者であった。就職してからの数年間は（どの設計事務所でも同じような感じだと思うが）修行という呼び方がふさわしい無我夢中の丁稚のような期間で、1年目の半ばから担当させてもらった有名建築家との公共建築は経験の少なさを自分のできる限りの時間を費やすことでカバーしてなんとか乗り越えることができた。自分も独身だったし、周りもほとんどそういった状況だったので、特にそれが特別な状況だという認識はなく、大変ではあったがその頃の濃密な時間は今でも自分の財産となっている。

そんな濃密な仕事一辺倒の日々に少し変化が生じたのは就職5年目に結婚した時だ。妻は建築と関係ない職業ながら義父が西日本の地方都市で建築設計事務所を営んでいた。そのおかげもあり、私が将来独立して構造設計事務所を開設したいといった展望に抵抗なく理解を示してくれた。ちなみに妻の実家は今の

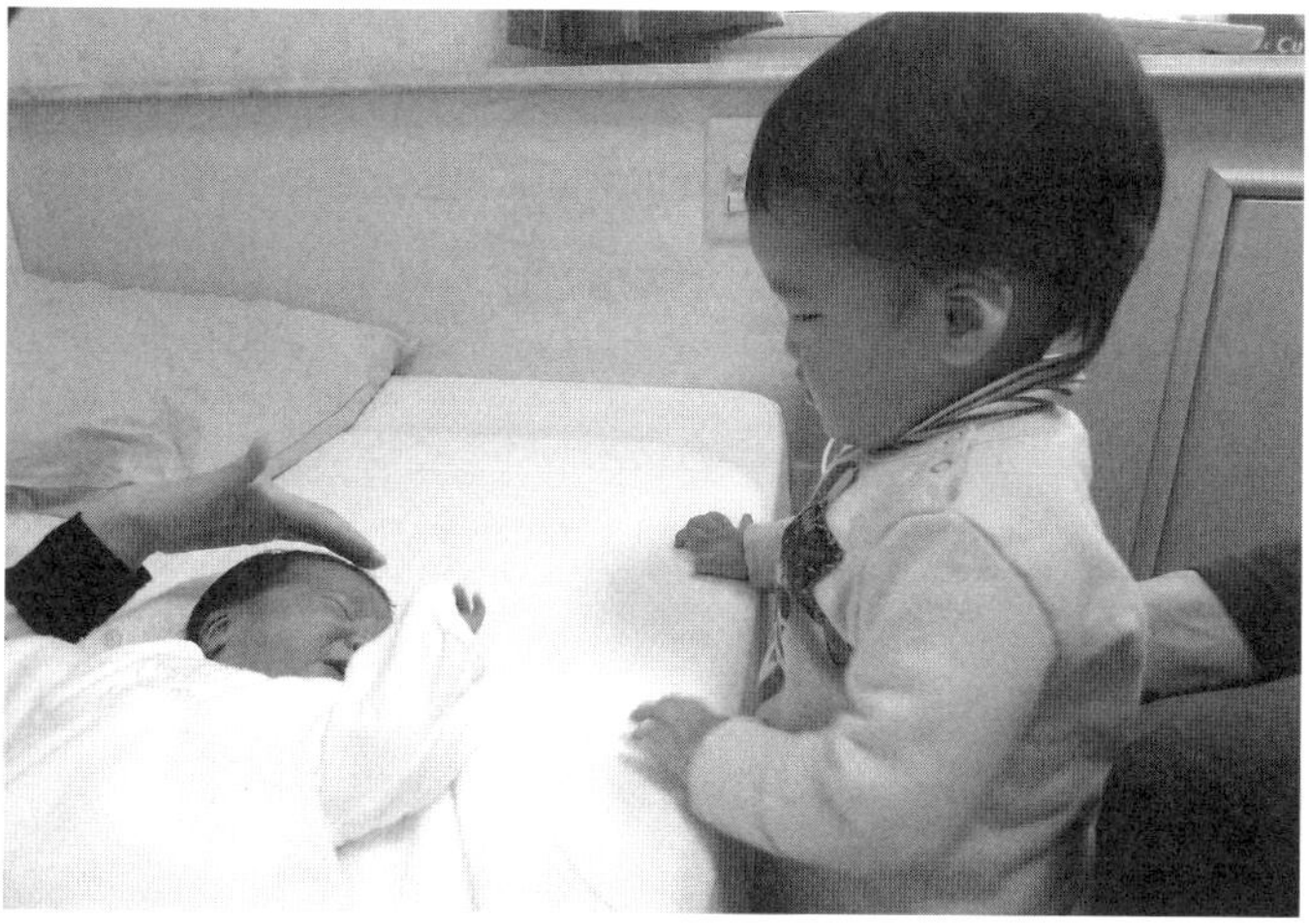

年子の次男誕生に戸惑う長男

我が家の状況と同じく義母は基本的に専業主婦に近くて、設計事務所の経理を部分的に担っているのみであった。結婚当初から、我が家の家族計画は自然と妻が専業主婦であるイメージを夫婦で共有していたのは、多分にそのことが影響しているかもしれない。

今では3人の息子がいるが、最近になって、結婚当初に軽いノリでつくったと思われる家族計画の年表のようなもの（たしか子育て雑誌の付録についていた）が出てきた。存在すら忘れていたその年表を見返してみて、年表に書かれている通りの時期にぴたりと、結婚3年目に長男が、結婚4年目に次男が、結婚7年目に三男が生まれていたことに驚いた。だから、結婚当初から夫婦で3人子どもをもつことを想像していたのは間違いなく、自分が独立開業して、妻は専業主婦で3人の子育てに専念してもらい、余裕ができたら事務所を事務方で手伝ってもらうというイメージは結婚当初からのものだった。当然、収入は私1人で稼ぐしかなく、ましてや独立して仕事の依頼が来なかったら生活が窮することは容易に想像できたのだが、そうなった場合はできるだけ安い賃貸に住んで……、みたいな話をしていた気がするので、当初から共働きはあまり想定していなかった気がする。楽観的と言えば楽観的であった。

妻の出産と私の独立

しかし、実際子どもが生まれてみると、子育てに関する覚悟はしていたものの、上の2人が年子だったこともあり、また市内の実家にいた私の母親が長男の生まれた1年後に他界し、妻の実家が西日本で遠かったこともあって頼れる親類が近くにいなかったのがつらかった。

特に長男が生まれてからの1年間は初めての育児と、実母の闘病のバックアップ（主治医との診察の立ち会い、治療方針の相談、終末期の方針やそのための病院の手配など）、仕事では責任の大きな物件を担当させてもらっていたこともあり、正直この時期に自分がどのように子育てに向き合っていたか、記憶が薄い。主体的に子育てに関わったというよりは、次々に起こることに追われるばかりであった。長男が生後4ヶ月で風邪をこじらせて入院したときなどは、初めての子どもで慣れないうえに、妻は24時間、病院のベッドの横で付き添い、私は仕事を早退して必要な食料やオムツを病院に届けた。実母の病状も悪化し

独立直後の事務所に来た子どもと

独立した頃、事務所前の川原で一緒に昼食

ていた時期で、仕事の忙しさも重なってしんどい時期だった。子どもが退院したのちも、妻も初めての育児でいっぱいいっぱいだったうえに、私もいろいろな状況にかまけて、家で1人で子どもと向き合っている妻の話し相手にさえなれていなかったかもしれない。

独立を決意したのはそんな時期で、長男が生まれて半年後のことだった。契機は、働き始めてから8年が経ち、担当した物件も50件程度を数えて、おおよそどのような構造形式も経験させてもらい自信がついてきていたという点もあったが、もう一つには独立してしばらくはそれほど仕事が忙しくなることもないだろうし、育児が最も大変な時期に家の近くに事務所を構えれば、妻のバックアップもできるという目論見があったことが大きい。実際に独立したのは長男が1歳8ヶ月、次男が生まれた直後の春だった。

朝型の生活

独立してしばらくは暇だろうという予想は幸か不幸か当たらなかった。事務所は自宅から徒歩15分程の最寄りの駅近くに構えた。今までお世話になった各方面の方々に独立の挨拶をしたところ、ご祝儀代わりにかぽつぽつと、しかし独立直後にしてはたくさんの仕事のご依頼をいただくことができた。当初はとにかくいただいた仕事は全部断るまいと仕事を受け続けたところ、独立半年後には1人にしては相当数の物件を抱えることになっていた。しかし、まだスタッフはおらずそれらの仕事は全て自分1人でこなさなけ

朝4時頃、川沿いにある事務所に出勤する

ればならない。結果として生活スタイルは自宅近くの事務所に朝9時過ぎに出勤して夕方18時まで仕事をし、一旦帰宅して晩御飯と入浴を済ませた後、再び事務所に戻り深夜まで仕事をする典型的な夜型のスタイルとなった。独立して子育てに関わる余裕をもつはずが、ありがたいことなのだが逆に独立前よりも自由にできる時間は少なくなり、全く思惑がはずれてしまった。そのような生活が続いて独立後1年半を迎えた頃、試みたのが朝型の生活だった。

始めたのは夏の日の出が早い時期で、朝3時半頃に起床し4時過ぎに事務所に出勤する。7時過ぎに朝食をとるまでの3、4時間、メールの処理やその他のデスクワークをこなすと、電話もかかってこないこともありそれまでの夜型の時間よりも効率よく感じるばかりか、世間が活動し始める前にある程度の仕事が終わっていることに一種の爽快感があった。

また、基本的に意匠設計事務所は夜型の人が多いため、夕方から深夜にかけて送られてきているメールが多く、それらを効率よく処理できるのも相性がよかった。朝食を事務所近くのカフェで新聞を読みながらとったあと、仕事を再開し夕方17時半頃まで仕事をして帰宅すると家族と夕食である。

子どもと一緒に就寝する21時まで3時間以上、食事をして、子どもと入浴し、一緒に遊ぶとても密度の濃い家族との時間を過ごすことができた。そのうえ、以前のように事務所に戻る必要がないため自分も遥かにリラックスできた。こうして、自分にとっては良いことづくめの朝型生活は、当初は日の出の早い夏だけのつもりが、冬を越えて続き、独立7年目の今に至るまで続いている。これから先、事務所の体制の変化や子どもの成長に伴って生活スタイルは変化していくと思うが、その都度、自分や家族にとって一番しっくりくるスタイルを模索していこうと思っている。

家での私の役割

家での私の役割のほとんどは子どもと遊ぶことである。家事を分担することは全くしておらず、夕方帰ってから食事の時間以外はほとんど子どもと遊んでいる。独立3年目に末っ子が生まれ、今では8、7、4歳の男3人兄弟である。今は遊びの半分くらいはひたすら「戦う」ことで、上の2人は同級生のほとんどはヒーローものから卒業しているが、うちは全くその気配がないのも我が家の中での定番の遊びがなか

寝る前の時間

なか変わらないからだと思われる。長男は最近、格闘技を習い始めて、近く私を倒すそうである。次男は戦いごっこも好きだが、暇さえあればホワイトボードに絵を描き続けている少しインドア派で、末っ子は長男大好き、「にーたん、にーたん」と付きまとっている。夜寝る前に布団の上で皆でカードゲームや本を読む時間も好きだ。ただ、たいてい私が最初にうとうとし始めるのだが。

もう一つ、夕食後のしばらくの時間は自然と妻と2人で話す時間になっている。今日子どもと何があったか、幼稚園、小学校での様々なお役目のこと、近所の友人のこと、今では地域の様々なつながりがあるが、独立前に1人で育児に奮闘している妻の話し相手をするという目論見は、今少し変わったかたちで実現している。これも夜型だったかつての生活スタイルではできなかったことかもしれない。

また、職場が家の近くであったことの恩恵は数知れない。幼少期の男の子は女の子より弱いという噂通り、1、2年前までは3人ともよく風邪をひいた。3人のうちの誰かが風邪をひいて妻が病院に連れていく数時間だけ職場から家に帰って私が残りの子を見たり、長男がインフルエンザを学校で発症したときも、幼稚園の行事で手が離せなかった妻の代わりに事務所から学校の保健室へ私が迎えに行ったこともある。幼稚園と小学校の行事がバッティングしたときのフォローもできるし、結婚10周年の記念日も、末っ子を幼稚園に送った後の妻を事務所から迎えに行き、レストランに直行した。たった3時間であったが、長男が生まれてから8年ぶりに子ども抜きで2人になる時間を持つことができた。これも職場が家の近くであったことの恩恵の一つである。

これからアトリエ系構造設計事務所の道を歩む人へ

私の事務所は現在、私とスタッフ3人で、仕事は大小30件ほどの物件の構造設計・監理業務を行っている。内訳は大きなもので庁舎や病院、幼稚園、共同住宅など、小さいものは住宅やアートに近いものもある。新築以外では地方のまちづくりに関わる改修案件なども増えている。

スタッフは規模にもよるが、1人平均10件程度の物件を掛け持ちして担当している。各物件は基本的に1人の担当者が、基本・実施設計から監理までの全てを担当しており、日々、様々な建築家の方たちとや

事務所の様子

りとりしている。ここ数年の試みの結果、私以外の皆は世間より少し早く8時に出社することに落ち着いている。私は早朝仕事をした後、7時から8時まで近所のカフェで新聞を読みながら朝食をとり、事務所に戻る8時のタイミングで1日おきに全員で所内の掃除、その後毎日8時半から私と各スタッフの打ち合わせをして事務所としての1日が始まる。スタッフは皆、基本的に将来独立を目指して日々の業務に取り組んでいる（はずである）。

アトリエ系の事務所は確かに苦労が多い側面もあるかもしれない。ただ、それが単なる単純労働とは異なる時間の質を持っていることも事実だし、そのような時間が、自分自身の判断で生き方を選択できる地力を身につけるトレーニングとなっていて、先々に得られる個人としての強さや豊かさが日々の仕事の先にあると想像してもらえればと思っている。

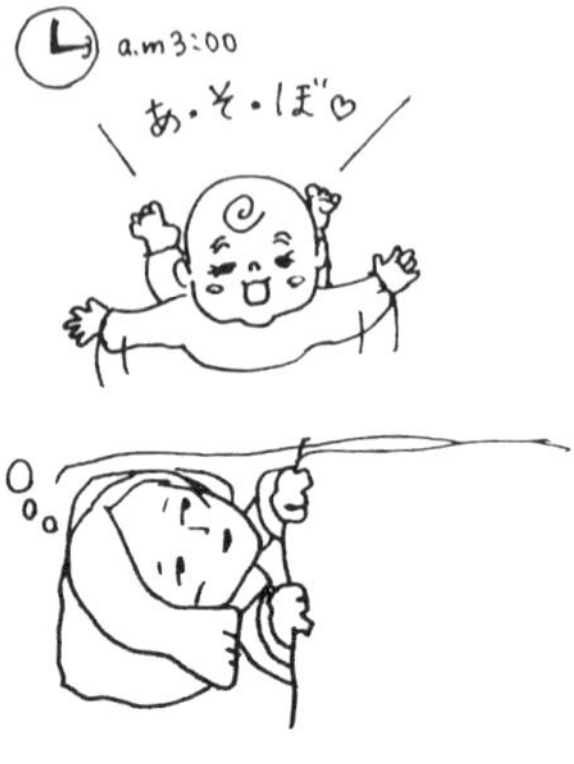
a.m3:00
あ・そ・ぼ♡

両立は筋トレのように

永山祐子《ながやまゆうこ》

永山祐子建築設計

▶TL

1975	23歳	27歳	36歳	37歳	38歳
東京都生まれ	青木淳建築計画事務所入所	永山祐子建築設計設立	結婚	第一子出産	第二子出産

徹夜を卒業

アトリエ系事務所に勤務する多くの設計者と同じように、私も大学卒業後、青木淳さんの事務所に勤めた4年間は日夜建築漬け、仕事一色の日々を過ごした。独立してからも仕事はいつも深夜過ぎまでが当たり前、泊まり込むことも珍しくなかった。しかし5年前に長男が生まれてからは、そんな働き方を改め、今では朝10時出社、19時半には保育園のお迎えに向かう毎日だ。平日に終わらない仕事や1人でじっくり考えたいことは、スタッフの来ない土曜日に出て終わらせる。

働き方を変えた当初は「いかん、いかん、皆もっと働いてるんだから、仕事しなきゃ」と焦る気持ちもあったが、今ではそういう気持ちもなくなった。他の人と比べてできてないなとも思うけれど、我ながら頑張っている、とも思う。私にとって仕事・家事・子育ての両立は筋トレみたいなもので、「これとこれを一緒にできるようになったら、筋肉がついた、レベルアップしている」と達成感を味わっている。

典型的な1日

出張さえなければ、たいてい朝7時過ぎに起きて家族が起きる前に朝食を用意し、私だけ先に食べて

実家にいた頃、朝の登園風景

おく。その頃、上の息子が起きてくるので食べさせて、夫と下の娘を8時には起こす。「おひざに座って食べる」と言い張る彼女に食べさせながら、9時までには夫と子どもたちを保育園へ送りだし、そこから化粧と掃除を済ませて10時頃には事務所に到着。仕事のほとんどは事務所か外での打合せが続く。19時過ぎに仕事を終えると、保育園のお迎えに向かい、20時前に帰宅。急いで食事の用意をして、遅くとも20時半には食べさせ始め、食べ終わると、21時から子どもたちはテレビを見始める。私はそのあいだにお風呂をためておいて、後片付け。お風呂に入れて出てくると、歯を磨いて寝かせるのだが、その間も何かとだらだらしてしまい、結局、寝るのは23時、遅いと23時半。それまでには、たいてい私も疲れ切っていて、一緒に寝てしまうのだが、本当は起きて洗濯、翌日の保育園バックの準備や、着て行くものの準備をしてしまいたい。

事務所縮小か、拡大か

今ではこうやって生活のリズムができてきたけれど、6年前に妊娠したときは、それまで通り仕事を続けていけるのかどうか不安で、事務所を縮小しなければいけないのではないかとも考えた。ところが、そのタイミングで、デザインやアートの仕事をしていた夫から「アーティスト業に重きをおきたい」と宣言される。「今より不安定になるかも……」という大問題を前に、縮小の選択肢は考えないことにした。どうにか周りの力を最大限借りながら仕事と子育てに奮闘しているうちに仕事の仕方もより効率的になり、逆に拡大方向に。自宅近くの広い事務所に引越し、スタッフも4人から7人に増やしてきた。拡大すると、人も仕事も増えて大変な一方、プロジェクトやスタッフと良い距離感を持って客観的に見られるようになり、今では却って良かったと思う。

そして決意した後は、出産の1週間前まで通常通り働き、産後も長男の時は1ヶ月半、下の子の時は1ヶ月くらいで復帰、産後すぐからスタッフに自宅へ模型を持って来てもらって打ち合わせをしたりしていた。特に長男出産の直後には、〈豊島横尾館〉の案を提案しなければならず、出産後もずっと案を考えていた。深夜の授乳あと、暗がりでずっと子どもをあやしている時間が禅の瞑想をしているような時間で、

事務所風景。2015年初め、下の子が生まれて1年後に事務所拡大のため移転した（撮影：表恒匡）

頭の冴える瞬間がある。〈豊島横尾館〉の赤ガラスはそんな時に思いついた案だ。

仕事はすぐに復帰したものの、保活はやはり大変だった。自分の会社となると「連れて行けばいいじゃないか」という雰囲気で、しかも世間的には名もなき弱小企業。仕事の実績や内容を証明する資料、ベビーシッターに頼んでいる実情などを示す書類などありとあらゆる資料を揃えて添付してやっと入れた。それでも、下の子は最初の1年は長男と同じ保育園に月齢が足りずに入れず、お迎えの時間もずれていたので下の子を先にお迎えに行って事務所に連れて戻り、その後、長男を迎えに行く時期が1年ほど続いたこともある。

また、私が仕事を続けてこられたのは家族のサポートがあってこそ。特に母からは長男を産む前から多大なサポートを受けている。初めての妊娠でこれから事務所自体を存続できるかなど大きな不安を抱えていた。そんな時に〈豊島横尾館〉の話がきた。母に相談したところ、全面的にサポートするからやったらいい、と心強い言葉をもらった。背中を押されてやる気が出た。本当に感謝している。

子どもができたタイミングで私の実家に夫婦そろって居候させてもらって、下の子が3歳になるまで同居していた。食事の用意から家事のほとんどを母にしてもらい、父にもよく子どもを見てもらっていた。年子で最初は大変だったが一番しんどい時期はおかげでどうにかなった。引っ越してからは私の出張の時など、夫の母も泊まりに来てくれたりと両方の親に世話になっている。

進行中のプロジェクト

現在、進めているプロジェクトは指名コンペで決まったものなど、様々だ。一番大きいものは超高層ビルのデザイン監修、その他奈良のショッピングセンターの設計、商業施設の共通環境の設計、新しいバッグブランドのための全店舗の環境デザインが進んでいる。その他、オフィスビルが1件、ホテルが1件、群馬の温泉宿の再生プロジェクトが1件。温泉宿は湯治場という文化を現代に再生させようというプロジェクトで、コンテンツから任されたのでこれから考えるところだ。海外ではタイでクラブハウスのプロジェクトと、企業の展覧会の手伝いをしている。

下の子が臨月の時に来た仕事〈女神の森セントラルガーデン〉
(所在地：山梨県北杜市、撮影：表恒匡)

下の子が生まれて1年後に来た仕事〈西武渋谷A館〉
(所在地：東京都渋谷区、撮影：表恒匡)

一方で、大学の非常勤講師や講演会など短発の仕事はなるべく少なくして、子育てと事務所の仕事を優先するようにしている。「私でなくても良いんじゃないか」と思う仕事や、責任の持てない予算やスケジュールが提示された仕事も受け難い。

これらのプロジェクトを、毎日19時に退社しながらも進めて行けるのは、7人のスタッフが頑張ってくれているから。かなりの部分をスタッフに任せるようにしてきた。スタッフも3人はすでに結婚しているし、20時が定時で土日は基本休みなので、彼らも私がいないことを前提にしながら自身でコントロールし、CGを習得したりして効率をあげてくれている。

ある建築家が100件の仕事を抱えていると聞いた時、自分の役割を「判断すること」と捉えれば、そこまでできるのかと、意識を変えた。

任せるためのマネジメント

仕事の依頼を受けたら、まず私1人で打合せに出て依頼内容を咀嚼し、その上で所内の誰に頼むかを決める。各プロジェクトは1~2人で担当してもらうことにしていて、彼らに私が大切に思っているポイントはどこか、プロジェクト全体において私たちに期待されている役割は何かを説明する。その時、形でイメージがあれば伝えるが、まずはスタンスや方向性を伝えて自由に考えてみてもらう。担当者が1人で考え込んだ案は煮詰まりがちだが、2人で話し合った結果はそれなりに筋が通っていて、意外ととても良い。

実際、社内での時間はほとんどがスタッフとの打合せで、1件30分、長くて1時間。長い打合せは私の集中力が持たず、プロジェクトも多いので時間をかけてしまうと進まなくなってしまう。クライアントとの打合わせが1日に平均3件、多いと5件だから、その合間にスタッフとの打合せが入る。だからスタッフには相談内容を絞って来てもらい、私もなるべく早くその場で決める。どうしても決まらない時も延長はせず、お互いにいったん持ち帰る。実施設計になるとどうしても長くなりがちで、そういう時は現場で話し合う。

スタッフには、アイデア出し以外にもプレゼンの準備やクライアントや現場との打合せもできるだけ任せていて、例えば以前だったら私が作っていたプレゼンボードの土台や文章も今では始めから担当者に作ってもらう。ひと通りでき上がったものに私がチェックを入れるやり方に変えた。社外や現場での打合せにも、どうしても私の意見がその場で必要とされる時以外は、担当者だけで行ってもらう。

失敗とトラブルを経験してこそ

こうやって仕事のほとんどをスタッフにやってもらえるようになったのは、それなりに失敗やトラブルを経験してきたからだ。プレゼンの文章も最初は何度も指摘して書き直してもらったし、「ここ、なんでこうなってるの?!」と現場で初めて重大なことに気づくこともあった。大半のミスは事前に気づいて阻止しているが、とんでもない寸法ミスを見逃してしまっていたこともあるし、妊娠中に一度こじれてしまった時は、後から出て行って状況を整理して何とか収めた。

こういう経験をすると、スタッフは自分の仕事がそのまま外に出るんだ、という緊張感を持って臨むようになるし、効率を意識すると図面のスピードやCGのスキルも自ら磨くようになる。「永山さんは居ない、できない」と思っているからそういう意識は高いはずだ。私は私で、判断の精度やスピードを上げてきた。スピード重視なので、迷えないのが苦しいこともあるが、段階ごとに「まずはこれでいい」と思えればオッケーを出す。実際、その都度完璧をめざしてきっちり詰めたとしても、必ず後で変わるところがでてくるのだ。それに事務所で悩むより、現場でより良い方法を尋ねる方が確実なこともあるので、スタッフにはよく「知らないふりして聞いてこい!」と励ましている。

それでもスケジュール管理はこまめにしていて、誰が今日何しているかを把握しながら「あれどうなってる?」「あの人にちゃんと連絡した?」「あの見積もり出てきた?」などと取りこぼしのないよう確認している。スタッフの作業スピードもだいたい想定内におさまるようになってきた。それでも思った通りに進まない場合は、私がリカバーするしかないので、その時はどんどん決めていくし、クライアントとの打ち合わせの前には、担当者とよく話し合っておく。スタッフの話を聞くと、まだ任せていて大丈夫か、私が出て行くべきかどうかもわかってくる。

打合せ以外のメールや原稿の仕事は、打合せの合間か移動中にしたいが、多少は家に持ち帰ることもある。子どもを寝かしつけるときや移動中など事務所に居ない間は、1人で悶々とプロジェクトのことを考える時間だ。

家事も効率よく

つい最近まで実家にいたため、新居に移って来てすぐは料理ができるかどうか不安だった。だが大家族で育ったからか、食卓に品数が少ないと落ち着かない。早く作れるものばかりだが、大抵ごはんとみそ汁、サラダと、他に2、3品用意する。携帯には、私が気に入った母のレシピを貯めているので、それを見ながら。最近の発見は「ブロッコリーとベーコンの味噌汁」。

息子が描いてくれたお弁当の絵

ただ、そうやって頑張って作っても、意外と子どもたちには食べてもらえなかったりするのだが。だから最初は作った料理の写真を母に送っては「いいじゃない、やってるわね！」と褒め言葉を糧に頑張っていた。やっぱり誰かに褒めてほしいから（笑）。

洗濯はとことん効率よく。必ずその日のうちに終わらせる。子どもの服は干さずに自動乾燥機で。大人のおしゃれ着は全て宅配クリーニング。金額も手頃だし、預けるのも受け取りも自宅でできて使いやすい。段ボールに放り込み、携帯片手にアプリで手配している。子ども服は多少縮んでも問題ないし、おねしょをよくするのですぐに乾くのはありがたい。それに最近の乾燥機は良くできていて、しわにならない。

宅配クリーニングに限らず、我が家は日に三度くらい荷物が届く。買い物に行く時間はほとんどないので、洋服も含めて米から何から全部通販。日用品は通販の定期便、スーパーでは米を買うタイミングで配達料無料サービスを利用したりして。おかげで週末に大量の買い出しに行かなくて済んでいる。

片付けや掃除も結構好きなのか、家に居ると我ながら多動症ではないかと思うほど、片付け続けてしまう。自邸の設計は自分の動線を考えてつくったから、余計に動きやすい。収納場所も1カ所に決まっているので、物がなくなりにくく、細かく見るとそうでなくても、片付いて見える。椅子を全部テーブルに上げておくと床掃除はロボット掃除機のルンバがしてくれるし。

実家にいた頃は家事の多くは母がしてくれて有り難かったが、いろんなことが自分でできるようになったのは引越してきてからだ。今は、自分がつくった家で気持ち良く家事をしていることを幸せに感じている。

新しい家でお菓子づくり。バタバタしている事が大半だが子どもとの時間は大切にしたい

役割分担、子どもとの時間

夫は朝、保育園に子どもたちを送って行く係で、あとは週に1、2回、私が遅く帰っても大丈夫なように早く帰宅してもらっている。私が出張に出かける前の日は夜中に2人でカレーを作ることが多い。

ただ正直、女性が男性と同じくらい働こうと思うと、やらなきゃいけないことが男性以上に多い。分担は私7割、相手3割、くらいか。家のこと、家族のこと、何から何まで私が全部決めて手配し、「あれやった？ これやった？」とチェックする。昔はそれをストレスに感じることもあったが、どこかで「家事を半々ずつ分担」なんて夢だなと思い至った。なんで私ばかり、と思うこともあった

念願だった〈横尾美術館〉を家族で訪問

がやっていくうちに効率よく動けるようになり、陸上選手がタイムを上げるように日々レベルアップできるんだ、と自分に言い聞かせている。そうするうちに、動いていないと気が済まず、夜や休みの日でも次々に掃除や片付けを思い出しては働くようになってしまったのだけれど。

一方で子育ては、効率や段取りだけではうまく行かないことばかり。ほぼ毎日怒声を上げている。夜泣きがひどかったりぐずられてしまうと、「何なのー！」と叫ぶこともあるし、「ママだってやんなっちゃうことあるんだもん」と息子に打ち明けたり。

子育てとのバランスは大変だと日々思うけれど、もともと趣味もなく、黙々と建築の仕事だけをしてきた私にとって、子どもを通して地域のこともわかるようになった。そこで生まれた新しい関係やバランスを大切にしたい。深夜、ソファに座って炭酸水を飲むひと時や、「さぁ寝よう」という一瞬が幸せだ。

休日はなるべく子どもと過ごすために仕事を入れないようにしている。新しい家に引っ越して来てから人を招くことも多く、子どもも大人もゆっくり家で友達と過ごすのが楽しい。夏はテラスにプールを置き、子どもたちはとても気に入って多い時は朝昼夕と3回入っていた。また、主人の作品展示や私の設計した建物などを見せたり、海外にも積極的に連れていって、今は理解できなくても肌で感じてもらう機会を増やしたい。

これからの理想的な働き方としては、今の生活の延長になるが、新しい働き方を私もスタッフも模索しながら、自分の時間を持ちながらも仕事の効率を上げ、新しい世の中の動きにも敏感でいられるようにしたい。私の目下の課題としては小学校に子どもたちが上がった時に放課後の時間、夏休みをどう過ごすかだ。子育ても建築も好きで選んだ選択肢。だからとことん楽しみたい。

子どものいる「あたりまえ」

瀬山真樹夫《せやま まきお》

R.G DESIGN

▶TL

1972 群馬県生まれ

33歳 結婚

35歳 第一子誕生

37歳 カームデザインスタジオ勤務

44歳 R.G DESIGN参加

ここまでの8年

2017年現在、パート勤務の妻と8歳で小学校3年生の息子との家族3人、他に猫2匹で、築40年を超えた木造家屋に暮らしている。小さなアトリエ設計事務所勤務ということもあり、朝（非常勤講師業務がない日以外）は息子と妻を送り出し、猫のトイレ掃除などをしてから仕事場へ出掛け、家に戻る時間はその日ごとで違いつつ、だいたい22時前後といった感じだろうか。特に、息子が小学生になってからは子どものための用件（主として急な病気による発熱など）で急遽帰宅が必要というようなことはほとんどなくなり、このルーティーンがほぼ確定している。息子が幼稚園に通っていたころは、子どもが家の中にいることにまだまだ何か落ち着かないというか「特別な」感じがあったように思う。とにかくいろいろなことが初めての経験であり、家の中全体がソワソワしていた。小学校1年の頃もまだそうだったかもしれない。しかし、この1年余りでその感じは急速に落ち着いてきた。なんというか、子どもがいることが本当にあたりまえのことになってきた感がある。単にあたりまえのことになるのに8年もかかったのかとも思うが、しかし、この8年は自分にとっては本当にあっという間だった。

5才の頃の息子と猫

昨年10月末の話

昨年の10月末にこんなことがあった。数週間~数日前からどうも家のある特定の個所で奇妙な臭いを感じる。当初、飼っている猫の便がどこかに放置されているのではと疑い、臭気の周辺をくまなく捜したが何も見つからず。どうも天井付近に臭気が溜まっているように感じられ、天井の化粧石膏ボードをノミとノコギリで開口し、天井裏にアイフォンを突っ込んで動画を撮影。しかし、そこには乾いた天井裏と壁の隙間が写っているだけで、やはり原因は特定できずじまい。いよいよこれはどうしたものかなと、何気なく分電盤の蓋をカチッと開けたところ、にわかに強い臭気がフワッと漂い出した。原因はここかと、フェイスプレートを外してみるとさらに強まる臭気。しかし、さしあたって見えるのはいくつかのブレーカーとそれらをつないでいるケーブルばかりで、特に臭気を発する原因はないような……。一体何がどうなっているんだと顔を近づけよくよく見てみると、なんと、その長い尻尾を見事なまでにケーブルに擬態させたネズミの死骸がブレーカーの間に挟まっているではないか。さすがに驚き思わず脚立から転げ落ちそうになったその時、自宅の玄関ドアがピンポンと鳴らされ、出てみると息子を含んだ数名の子どもたちが口々に「トリック・オア・トリート!」とそれぞれの仮装で現れたのだった。

ああそうだ、今日はハロウィンで息子は朝からお面をかぶって出かけていたんだった……ということを思い出しつつ、そもそも、このハロウィンというイベントがあたりまえのように地域社会に浸透しているという事実を、子どもができるまで自分はまるで知らなかったのだった。もちろん、その季節がくれば街にある小売店のショーウインドウが皆こぞってカボチャのお化けをかたどったインテリアで飾り付けられるという程度の認識はあったのだが、それはあくまでもショーウインドウを季節ごとにアレンジする一手法として小売業の中で定着しつつあるという程度の雑な印象でしかなかった。ところが現在、子どものいる家庭ではこのイベントはほとんどクリスマスとか、あるいはこどもの日といった記念日と同レベルの定着具合を見せているのではないか。それはいまや、季節の定番行事としてあたりまえに行われている風情なのである。

子どもがいることで見えてくる関係性がある

ありていに言ってしまうと、子どもがいなければ、自分は一生このイベントと縁がなかったはずだ。しかし、子どもを育てることで自ずとこのイベントとかかわるようになり、今ではまるでそれが当然のように、その日になるとやってくる近所の子どもたちにお菓子を配っている。そして、子どもを育てるということは、まさにこのような出来事の連続であるということができるだろう。すなわち、それまで私たち夫婦だけで完結していた小さな共同体の中に、子どもの存在が必然的に呼び込む社会性が入り込むことで、自分たちの暮らしの中に、今までは全く見えてくることのなかった関係性が様々な出来事というかたちになって現れてくる。それは例えば、地域の夏祭りや小学校のイベントなどといったわかりやすいものから、近所のコンビニエンスストアで息子の友達と挨拶を交わすなどという本当に小さなことにまで及んでおり、また、子どもが成長するにつれて、関係性の範囲もどんどん形を変えていく。

この変化は、こうして文字にしてしまうと単にあたりまえのことのように感じられるが、しかし、現実に起こると（特に私たちのような、どちらかというと内向的で、地域社会との関係性を積極的に増やすようなことをしたがらない夫婦にとっては）極めてダイナミックに自分たちの生活に介入してくるものだった。子どもができたことで、私たち夫婦にとっての地域とのかかわり方は何もかも変わったし、また、この変化は端的に言って、楽しいものだった。

とはいえ、子どもができたことで私たちの生活に起こった変化を「楽しい」などと言えるのは、私があくまでも自宅の外で仕事をしており、子どものことは基本的に妻が面倒を見ているからかもしれない。息子が乳児~幼稚園児までの頃は、基本的に朝、幼稚園までの送り届けや急な発熱時に医者へ連れていくこと、早めに帰宅して風呂に入れる、本を読みながら寝かしつけるといった子育てを私も（主観的にはできるかぎり積極的に）行っていたと思うが、息子が小学生になってから、いわゆる子育てごとに関しての私の出番は大きく減った。平日のほとんどは、毎朝家族で朝食をとりそれぞれが出かけてしまうと、あとは帰宅すれば息子はすでに就寝していることも多く、そういった意味ではいわゆる「子育て」というもの

幼稚園年中の頃の息子。毎朝、自転車の後ろに乗せて送っていた

に現在の自分がどこまで関わることができているのか、いささか心もとない状況であるともいえる。週末も息子は外に行って友達どうしで遊ぶようになり、私が遊ぶのは夕方になって帰宅してからカードゲームなどの相手をするときくらいのものだ。一方で妻にしてみれば、息子が小学生になり、以前から見れば相対的に手がかからなくなったとはいえ、いまだに日々の食事や洗濯、習い事といった日常のあらゆる出来事についてを何とかさばいてやり過ごすことで精いっぱいであり、そこで起こった出来事を振り返って楽しんでいる余裕などないのかもしれないとも思う。こうして考えてみると、子育てにおける父親と母親の役割の違い（というよりもこれは、男／女の違いに応じて社会的に割り振られる役割の差というわけではなく、夫婦・家族といったまとまりの中で、基本的に家の外で仕事を行う側と、家事など

の役割を相対的に多く行う側という分類の話といった方が正確だと思うが）は依然として大きいものに感じられる。

子どもがやってきた頃の事

子どもができた当初、私は特に安定した仕事についているというわけでもなく、無資格で、単に自分で仕事を取って設計の仕事をしている自称建築家でしかなかった。当然収入は非常に不安定であり、というかまあ来月はどうやって過ごそうかといったレベルですらあったわけで、今考えてみればよくもまあそんな状態で子育てを始めようという気になったねと言われても仕方がないような有様だった。しかし今になってあらためてふり返ってみれば、息子は私たちにとってここしかないというようなベストのタイミングで、私たちの人生の中にやってきたようにも感じられるから不思議なものだ。おそらく私たち夫婦が、子どもを育てるためのいくつかの条件を設定し（例えば年収が最低でも○○円を超えてからだとか、今より広い家に引っ越してからだとか、仕事がもう少し落ち着いてからだとかいったような）、その条件が整ってから晴れて子どもをつくって育てよう、などという考え方でいたとしたら、未だに子どもを育てることはできていなかったかもしれない。しかし、現実として私たちは今子どもを育てながら暮らしているし、そして、まあ相対的な程度の差こそあれ、どこの家庭でもだいたいそんなものなんじゃないのかとも

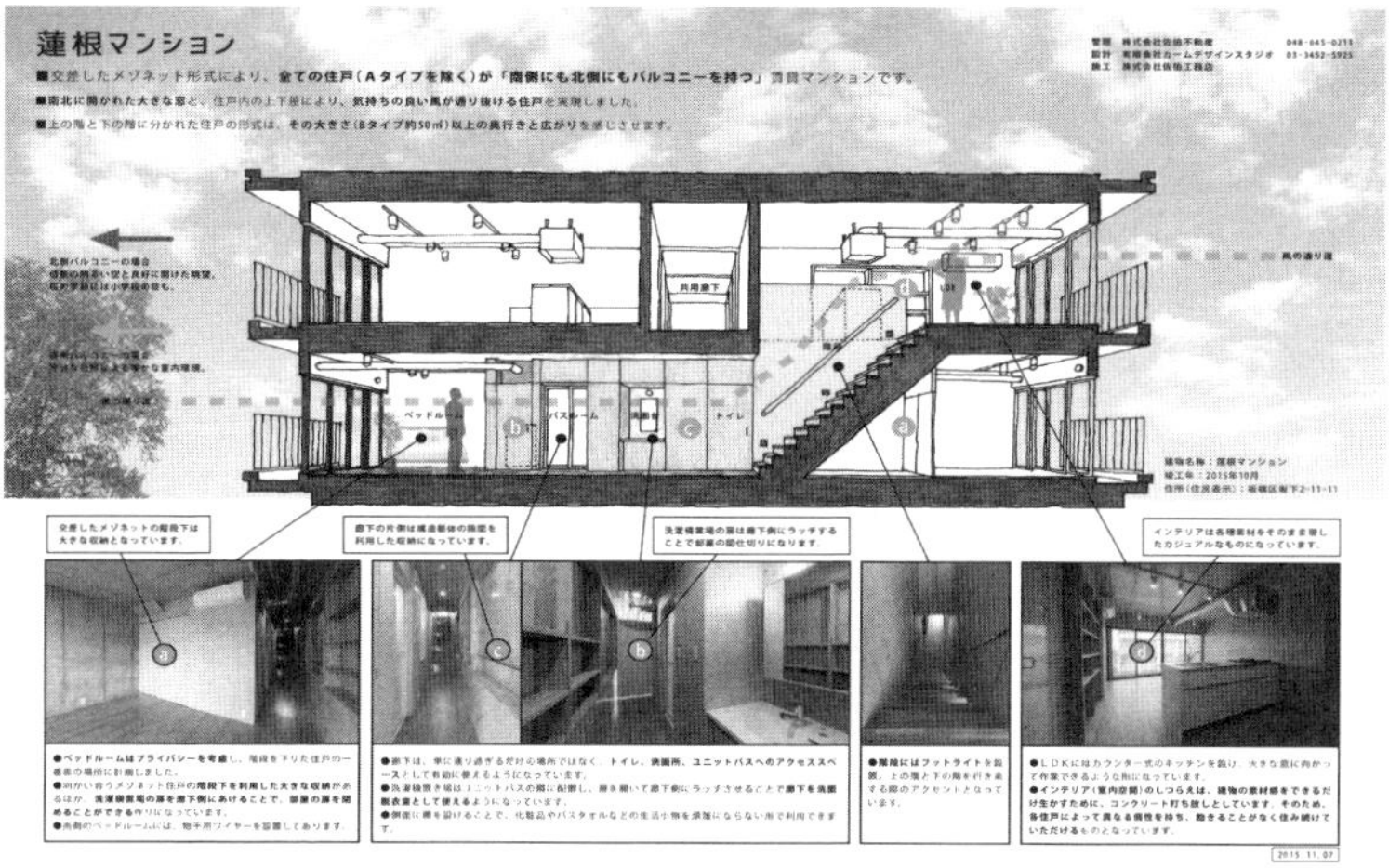

〈蓮根マンション〉入居者募集用の内観資料（2015年竣工、所在地：東京都板橋区）

思う。子どもなんて、誰にとっても、ある日突然向こうからやってくるものぐらいに思っておかないと精神衛生上いろいろとよくないのではないだろうか。

もちろん私たちがこうして普通に何とかなるレベルにいたるまでには、いろいろな人たちの援助や協力があった。例えば、私が資格試験を受験した年は息子が生後半年であり、いろいろと手のかかる時期であった。試験までの約半年間、毎週末の土日を資格試験の勉強に費やすためには、私たち夫婦だけではどうすることもできず、実家から母の助けを借りる必要があった。母はほぼ毎週末このために群馬の実家から上京し、私たち一家の手助けをしてくれた。1次試験の合格発表の日、インターネットで速報を確認し妻と喜び合っていると、足元で鼻水をたらしながらハイハイで這いずり回っていた息子もにわかにテンションを上げ、満面の笑みでキャッキャッと

〈蓮根マンション〉入居者募集用の外観資料

騒ぎ出したことをよく覚えている。こちらの感情がよほどダダ漏れになっていたのだろうなと、今にして思う。また、仕事の面でもいろいろと融通を効かせてもらった。資格取得後、大学院時代の友人たちが主宰している設計事務所（Calm Designstudio）に勤めたのだが、いわゆる勤務時間に縛られる形ではなく、自分の裁量で仕事を進められる環境であったことは非常に大きかった。設計の仕事なので業務量は少なくなかったが、しかし、出勤・退勤などの時間を自分の生活に合わせてある程度融通を効かせながら調整させてもらえることはありがたかった。また、本当に偶然だったのだが、仕事場の同じフロアをシェアしていたランドスケープ設計事務所（Plat design）のメンバーが、私と同じ年齢で、かつ同じ年の子どもがいる人たちだったということも、私にとって非常に大きな意味を持っていた。彼

5才の頃の息子と筆者

らと交わす日々の会話は子育て談議になることも多く、そこでいろいろな情報や感情を共有しながら過ごすことは非常に充実した時間だった。全員が初めての子どもをもつ親で、またそれぞれが手探りの状態で子育てをしているとき、お互いの事を話しながらどんな些細な話題でも（テレビってどれだけ見せてる？　今年どんな病気になった？　幼稚園どんな感じ？　習い事させるの？　夏休みどこ連れてく？あそこ連れていったけどけっこう良かったよ。など子育てにまつわるあらゆることを）会話できることは大きな意味があった。子どもを育てることに使う労力はとても大きいがゆえに、どうしても自分たちの家の中の事ばかりに目が行ってしまう。その時に文献やインターネットの情報以外の方法で日常的に他の家庭の話を聞くことは、子育ての風通しをとても良くしてくれたし、安心感が増す、そして何より楽しく充実したものだった。現在職場の環境は変わってしまったが、子どもが生まれてからしばらくこのような環境に身を置けたことは自分にとって大変幸運なことだったと思う。

昨年10月末の話のその後

ちなみにハロウィンのエピソードはその後どうなったか。「まあまあ君たち、お菓子もいいけど、いまこの家では普段なかなか見られないものが見られるから見ていきなさい」と子どもたちを家に上げ、ネズミの死骸を割りばしを使って分電盤から引っ張り出してみせると、口々に「えっ何これ」「これほんもの?」「こんなことよくあるの?」「くせー!」などと大騒ぎ。その後、古新聞にくるんで皆でひと通り観察してから、庭に埋葬したのだった。このことが、子どもたちの記憶に残るかどうかはわからない。しかし、私にとってまぎれもなく忘れられないイベントになった。「自宅の分電盤にネズミの死骸が挟まってました」なんて、文字にしてしまうと単にそれだけの何てことのないエピソードも、子どもたちを交えると何か特別な価値を帯びてくるから不思議なものである。

自立するという
プレッシャーから解放されて

成瀬友梨《なるせ ゆり》

成瀬・猪熊建築設計事務所

▶TL

- 1979 愛知県生まれ
- 26歳 成瀬友梨建築設計事務所設立
- 28歳 成瀬・猪熊建築設計事務所共同設立
- 29歳 結婚
- 30歳 東京大学助教着任
- 34歳 第一子出産
- 37歳 成瀬・猪熊建築設計事務所代表取締役着任 東京大学助教退職

独立11年目

2007年に成瀬・猪熊建築設計事務所を立ち上げて、今年で11年目になる。スタッフは9名。現在は、地元の人とインバウンド両方をターゲットにした観光施設、100人を超える規模のシェアハウス、子育て支援施設、地域のNPO法人の活動拠点など、15くらいのプロジェクトが同時進行している。

私は9時半頃出社し、外部での打ち合わせがなければ18時15分まで事務所でスタッフとの打ち合わせやメールなどをこなす。とはいえ終日事務所にいることはほとんどなく、外での打ち合わせや現場を2〜3件はしごして保育園のお迎えに駆け込む日や、遠方への出張もある。週に2〜3日は

事務所風景。スタッフのデスクのすぐ近くに、フリーのテーブルがあり、模型をつくったり、資料を広げての所内打ち合わせに利用する

夜遅く帰宅するので、同じくフリーランスの建築家である夫とスケジュールを調整しながら日々過ごしている。

息子は先日、3歳になった。妊娠してからこれまでの4年間は、正直、思うようにならないこと、試行錯誤の連続で、今もまだその渦中にある。一方、この間、いろいろな人に助けられてきた。子育ても仕事も、1人ではとても切り盛りできないことを痛感し、人に頼るということができるようになった。

思い通りにならない妊婦の身体

私は2010年から2017年5月まで、自分の設計事務所の他に、東京大学で助教の仕事についていた。昼間は大学、夕方から夜にかけて事務所という生活を当たり前にこなし、仕事に明け暮れる毎日。後述する実家の母のことにチクチク胸が痛みながらも、充実した日々を過ごしていた。

そんな仕事中心の生活をしていたので、妊娠がわかった時は、にわかに信じられなかった。嬉しさ反面、仕事をどうしようかなぁ、と思ったが、事務所のパートナーの猪熊純も、スタッフも、おめでとう、という言葉をかけてくれたことにより、なんとかやっていこう、と前向きな気持ちになることができた。

妊娠して半年は体調が大きく崩れることがなかったため、妊娠前とほぼ変わらない働き方をしていた。事務所はスタッフを5～6人抱え、比較的大きなプロジェクトが竣工を迎えるなど、とても忙しい時期

〈りくカフェ〉妊娠期間と工事期間が全く被ってしまい、現場に行くことができなかった。竣工式は産後1週間の頃で、スカイプで参加という話もあったが、体調的に厳しく、悔しかった思い出のプロジェクト
(所在地：岩手県陸前高田市、撮影：西川公朗)

だった。妊娠5ヶ月目にはニューヨークやサンフランシスコまで出張にも出かけ、全く問題ないと思っていた。それが妊娠7ヶ月目の検診で医師からイエローカードを出されることになる。赤ちゃんが下がって来ている、早産の危険があるということなのだ。医師からは仕事をセーブして、できるだけ安静にしているようにと伝えられたが、大学の産前休暇はまだ先の予定だったし、事務所も相変わらず忙しいので、少し早く家に帰る程度で仕事を続けていた。だが、だんだんと体調が悪化し、結局予定日の1ヶ月半前に、仕事を今すぐ休んで自宅で寝ているか、さもなくば入院だ、と医師に詰め寄られ、よ

うやく仕事をギブアップすることができた。

出産の直前まで仕事をしていた、という武勇伝を方々で聞くが、妊婦がどれくらい働くかは、本人の意思ややる気とは全く関係がなく、体調とよく相談をして決める必要がある。結局、私の場合は、子どもは予定日よりもだいぶ早く生まれ、それが原因かどうかはわからないが最初の1ヶ月間は母乳もミルクもうまく飲めず体重が増えず、心配で涙涙の日々、大きく反省と後悔をすることになったのだった。

実はベビー用品を買い揃えるなど、赤ちゃんを迎える準備を全くできていなかったので、この1ヶ月半は、ネット通販の申し子となり、ベッドでひたすらポチポチと買い物をしながら、仕事の電話をかけ続けていた。なかにはシビアな話もあり、体調に影響がないのか気になりながらも、急に休んでしまった穴埋めとして、やれることはやりたい、という気持ちだった。台所に立てないため、夫が毎日食事の準備をしてくれた。この時期は、仕事をし始めてから一番穏やかな日々だった。

諦めるという決断

出産後、自分の体調もあまり良くなく、2ヶ月くらいは自宅でヨタヨタと過ごす日々だった。近くに頼れる親戚もいないので、夫と2人で、突然舞い降りた宇宙人のような赤ちゃんを抱え、不安で仕方なかった。

大学には6ヶ月で復帰し、保育園に子どもを預けながら、大学と事務所の二本立ての仕事を再スタート

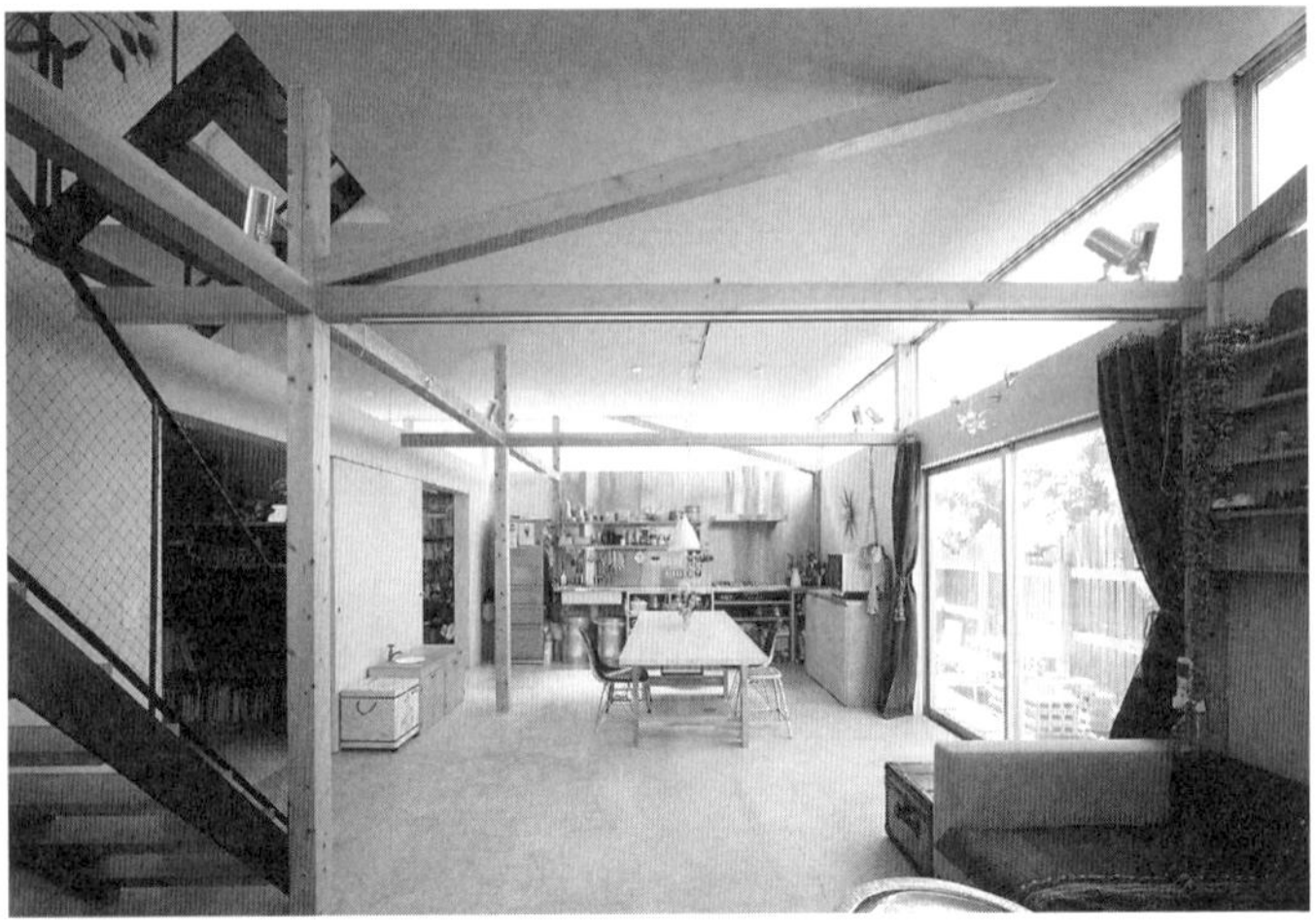

〈SPRIT HOUSE〉出産直後に竣工した住宅。実は、この住宅のクライアントには、急な仕事の予定で子どもを預ける所が見つからず困っていた時に、生後8ヶ月くらいの子どもを半日預かってもらったことがある。頼れる人がいるありがたさを実感（所在地：東京、撮影：西川公朗）

させた。だが大学で授業がある日は事務所に行けず、以前ほど設計に関われないことへのストレスがたまっていった。大学も、以前は学生がいる限り遅くまで残って設計課題の指導にあたっていたし、研究室の学生との時間を充分に取ることができていたが、それももうできない。子どもを保育園に迎えに行く時間の関係で、全てが中途半端になって来た。研究室のボスである千葉学先生、同じ部屋の技官の山崎由美子さん、研究員のみなさん、秘書さんに支えられてなんとか2年間続けられたが、毎日がいっぱいいっぱいで、家に帰って子どもを見ながらボーッとしてしまうことも。

これはもう何かを諦めるしかない、と思い、7年間勤めた大学を辞めさせていただ

〈豊島八百万ラボ〉打ち合わせや現場はできるだけ日帰り出張にしていたが、子どもが１歳半くらいの時にオープニングで２泊３日の出張があった。出張から帰り、子どもをハグしようとしたら、私の顔を見るなり逃げ出されてショックを受けた
（所在地：香川県小豆郡豊島、撮影：表恒匡）

くことにした。大学を辞めた今は、少し落ち着きを取り戻しつつある、と言いたいところだが、日々の予定は打ち合わせで瞬く間に埋まり、今ではどうやって大学の仕事までしていたのか、思い出せない。

大学に勤めていた頃は、私がメインで担当するプロジェクトを持つことができない状態だったが、今はいくつか、私メインで現場が動いているものがあり、やはりそれは楽しいものだ。ただ、どうしても働ける時間が短いので、クライアントとの関係の構築や基本設計など、プロジェクトのスタート段階では全てのプロジェクトに関わるものの、実施設計以降は、特に遠方の現場の監理は、猪熊とスタッフに任せている部分が大きい。

柔軟に対応してくれる夫

夫も自分の設計事務所を持つフリーランスの建築家なので、互いに都合をつけながら子育てと仕事をしている状況だ。毎月カレンダーにそれぞれの出張や朝早く出る日、夜遅く帰る日の予定を書き込み、保育園への送り迎えの予定を立てる。送り迎えと食事の用意、役所への保育関係の申請、保育園の係や保護者会は、できるかぎり私が担当するようにしている。

こんなふうに書くと、私が多くの家事・育児をやっているように聞こえるがその実、全くそうではない。夫は掃除・洗濯・ゴミ出し・トイレットペーパーや洗剤などのストック類の管理など、家事のほとんどを担当し、私が出張の場合は、子どもにご飯を作って食べさせ、寝かしつけまでこなしてくれる。突発的に入る私の出張や打ち合わせにも柔軟に対応してくれるのは本当にありがたい。

どうしても2人の都合がつかない場合は、ベビーシッターさんに保育園のお迎えから寝かしつけまでお願いすることもある。緊急で迎えに行けなくなり、保育園のママ友に子どもを一緒に連れて帰ってもらい、ファミレスでご飯を食べさせてもらっているところに駆け込んだこともあった。

家での過ごし方としては、できるだけ家族で食事をしたいと思っているので、朝食と夕食は3人で食べることを心がけている。18時半に子どもを保育園に迎えに行き、一緒にスーパーで夕食の買い出しをした

爪切りは夫の担当

後、食事を準備して食べさせ、風呂に入れ、寝かしつけると22時頃になってしまう。もう少し早くできないかと思うが、子どもと遊んでいると、ついそんな時間になってしまう。

寝かしつけると子どもと一緒に朝まで寝てしまうことも多いが、忙しさによってその後の過ごし方は変わってくる。原稿やメールが溜まっている時は0時頃目が覚めて、そこから数時間家で仕事をし、明け方眠くなると2度寝をして7時頃起床する。コンペなどの追い込みの必要な時は、子どもが寝てから夫に家を任せて、もう一度事務所に行って深夜まで作業することもある。ちなみに家と事務所は自転車で10分の距離だ。打ち合わせや会食で帰りが遅くなる場合もある。目下の悩みは毎日のスケジュールが変則的で、就寝時間や睡眠時間が変動してしまうこと。長期的には改善が必要な部分だと思っている。

優しいシッターさん

私たちは、息子が産後2ケ月目の時からベビーシッターさんのお世話になっている。出産後2ヶ月ほどはお尻や体の節々が痛く、また乳腺が詰まりやすい体質で、授乳のたびに激痛が走り、体調的にはかなり辛かった。加えて、子どもの体重が思うように増えず、検診ではもっとミルクを飲ませなさいとお医者さんから怒られ、精神的にも追い詰められていた。

そんな中、どうしても出たい打ち合わせがあって、試しにベビーシッターさんを頼んでみたのだが、これが大正解。子どもを４人育てました、という50代の女性が来てくれて、どうやっても泣き止まない子どもが、すっと泣き止んだ。慣れない育児で不安・ストレスは大きかったが、優しさに溢れるシッターさんは、子どもだけでなく私も夫も大いに癒された。子どもが３歳になり、夫婦の出張が重ならない限りはシッティングを頼まなくてもなんとかやりくりできるようになってきたが、本当にお世話になった。

家族のありがたさ

事務所を立ち上げた頃、実家で離れて暮らす母が若年性の認知症と診断された。事務所を立ち上げたばかりで必死で、早く成果を出して母に報告したいと思い、あまり実家にも帰らずに仕事ばかりしていた。心のどこかでいつも気になっていたのだが、母はだんだん話すこともできなくなり、今は医療的な補助が必要なので施設で過ごしている。もっと母との時間を大切にすべきだったと、それだけは後悔している。

いわゆるバブルの時代に、猛烈に働いていた、仕事一筋の父は、母が１人で生活できなくなると、退職し、７年間自宅で母の介護をしてくれた。料理をほとんどしなかった父が、新聞に載っているレシピを丁寧にストックし、母に栄養のある食事を作り食べさせる。洗濯も掃除も全部こなし、手が荒れちゃうんだよなぁと困った顔でハンドクリームを塗りこむ父の姿を見て、こんなに優しい人だったのかと、気がついた。

母のことなど何かと兄と相談できるのが、ありがたいなとも思った。家族の温かさやありがたさ、人はお互いに支えあって生きていくのだということを、本当の意味で理解できたのが30歳を過ぎてからというのは遅いと思うが、それで初めて子どもをもとうと思うことができたのだった。

日々の葛藤

母の時のことがあるので、時間は巻き戻せない、子どもとの時間を大事にしたい、と思ってはいるものの、前述の通り週に2~3日は家に帰るのが遅くなってしまう。土曜日も仕事をしているので保育園に預ける時間も長い。夜の会食や打ち合わせが続くと罪悪感を覚えてしまうのだが、夫が「せっかくだから行っておいでよ」と声をかけてくれるので、できるだけ出かけるようにしている。それが長期的に見て子どもにどういう影響を与えるのか、気になってはいるものの、一緒にいるときに子どもと全力で遊んで楽しむことが、今できる精一杯だ。

だから、夫と子どもと3人で出かけられる休日は、公園に行って思い切り遊ぶことが多い。芝生でのピクニックは子どもの騒ぎ声も気にせず、最高にリラックスできる。保育園の友達家族と一緒に、流しそうめん大会をしたり、昼間から外でお酒を飲みながら、子育ての悩みなどを共有するのも楽しい。

それに、施設にいる母の様子も気になるので、極力実家には帰りたい。土曜日に休めるときは週末を利用して新幹線で子どもを連れて実家に行く。両親も子どもも嬉しそうにしている姿を見ると、家が近所にあればなぁと思うが、なかなか現実には難しい。

友達に助けられたこと

笑われるかもしれないが、実は子どもと2人きりで家にいると未だに緊張してしまう。私は自分のいとこが皆、歳が近かったこともあり、赤ちゃんや小さい子どもとほとんど接したことがなかった。そのため、我が子ながら1対1だと、どう扱って良いのか、ドキドキしてしまうのだ。夫が海外出張などで数日家に帰ってこないと、緊張はより高まる。

そんな時に友達が家に遊びに来てくれると本当

子どもがいると、こういう乗り物に躊躇なく乗れて楽しい

にありがたい。仕事上がりに寄ってくれるのだが、ただ一緒にご飯を食べて、少し子どもと遊んでくれるだけで、こちらの気持ちに余裕が生まれる。きっと生まれたばかりの時も、友達を呼んでいたら全然、気分が違っただろう。

核家族で子育て経験のない夫婦の孤独感は凄まじい。ただ訪ねて来てくれて、子どものギャンギャン泣く様を一緒に共有してもらえたら。自分にとっては過ぎてしまった日々だが、友達の子どもが生まれたら、図々しく訪ねて行くのがいいのでは、と思ったりする。

事務所の経営者として

こうして夫や家族、友達、シッターさんに助けられ日々模索してきた。実際、私は成瀬・猪熊事務所でフルタイムで働きながら子どもを育てる初の女性なので、いい実験だと思っている。事務所の半数を占める女性スタッフたちもこれから結婚したり、子どもを産んだりしていくだろうが、彼女たちにできるだけ長く活躍してもらうために、事務所の体制も柔軟に変化させて行きたい。

小さいお子さんがいると、お仕事大変ですよね、と言われることは多い。実際0歳、1歳の頃は毎月熱を出し、その度に区の病児保育にお世話になって、仕事を途中で切り上げることが何度もあった。今はどうだろう。時間の制約は確かにあって、18時15分には帰らなければいけないが、メールで送られてきた図面や資料を夜ひと段落してから、あるいは明け方にチェックし、事務所に行けない時はオンラインで会議もできる。フォローの仕方は色々ありそうだ。結局は自分次第で、集中力とスピードを如何に身につけ、仕事の質を落とさないか、日々鍛錬だと思う。

それに、子どもがいることでできた制約よりも、豊かになったことの方が本当は多い。一緒にお日様の下で走り回ったり、泥んこになって遊んだり、楽しみが増えた。休日はしっかり休むというメンタルも、以前はなかった。可愛い寝顔には毎晩癒される。

結婚や子育てだけでなく、これから介護に時間を割く人も出てくるはずだ。それでも働ける状況をどうつくっていくか。それにはある程度、事務所に体力や余力がないとできないと思うこともある。事務所の規模を大きくするのか、あるいは設計業以外で経営の安定化を測るのか、試行錯誤は続く。

子どもがくれた気付き

子どもが生まれてから、電車の中で、杖をついたお年寄りや、目の見えない人、医療サポートマークをつけた人、妊婦さん、小さい子どもを連れた人、といった人たちが増えたように錯覚した。自分がベビーカーで移動するときには、バリアフリーの大切さを身をもって知った。電車の中で子どもが泣き叫び、なすすべがない私に、舌打ちする人がいて恐れおののくこともあったが、「赤ちゃん、眠たいのよねぇ」と言うご婦人の優しい

親のことをよく見ていると思う

声かけに、泣きそうになることもあった。世の中には本当に多様な人がいて、生きづらい思いをしている人がたくさんいることを、身を以て知った3年間だった。

もう一つ、母のいる施設で思うことは、生きるためのサポートは充実しているものの、そこに居心地の良さがない、ということ。施設然とした空間に家族の居場所はない。高齢者だけが集められた場所ではなく、家族も、地域の人も、自然と入って来たくなるような居場所があれば、そこで暮らす人も、周りの人も、気持ちよくいられるはず。認知症の人や高齢者へのイメージだって、変わっていくはずだ。

子どもと母が与えてくれた大きな気づきは、これからの私の仕事に大きな影響を与えるだろう。同じ日が1日もない、そんな忙しい毎日ではあるが、怪獣のような子どもを抱えながら、仕事も家庭も、欲張りに生きて行きたい。

仕事も子育ても
シームレスに考える

杤尾直也《とちお なおや》

㈱ to-ripple

1983　兵庫県生まれ
23歳　UDS㈱入社
31歳　結婚
32歳　第一子誕生
34歳　㈱to-ripple設立

▶TL

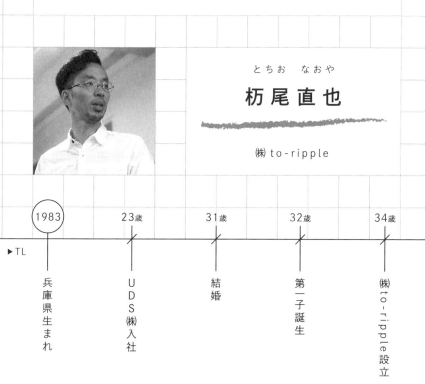

設計とその周辺を仕事にする

私は今、自分で事務所を開設し、建築設計を主軸に建築企画、デザイン監修などの業務を受託している。新築、リノベーション、建築設計、内装設計、家具デザイン、プロダクトデザインなど、空間にまつわること全般を手がけている。業種も様々でホテルを中心に旅館やオフィス、商業施設、飲食店など多岐にわたる。時には事業収支やコンセプトメイクなどの企画業務も一体として受託する。というのも独立前は企画／設計／運営をワンストップで行えるＵＤＳ㈱に勤務してきたからだ。

私がＵＤＳを志望した理由は、社長（現会長）の梶原文生氏の講演を聴いたとき、志高く夢に満ちた事業を実現している働き方に憧れたからだ。平日は第一線でバリバリ働き、休日は家族との時間を大切にし、自分らしい生活を過ごしている話を聞き、自分もああなりたいと思った。

ライフプランを立て、働きまくる

実家が自営業だったこともあり、父が毎日家にいるという環境で育った私は、子どもと向き合う時間がちゃんとある生活がしたかった。そんなことをおぼろげながら考える私には、梶原氏の生活はまさに理想

専修学校の校舎をリノベーションした〈ホテル アンテルーム京都〉
（所在地：京都市、撮影：ナカサアンドパートナーズ）

〈ホテル アンテルーム京都〉コンセプトルームの庭
（撮影：ナカサアンドパートナーズ）

に思えた。そのため、入社する前から、ライフプランを描き、結婚して子どもができるまではその準備期間と捉え、より多くの経験をし、成長することを目標とした。

初めの3年は徹底的に自分の枠を広げる期間とした。次の3年は広げた枠で取捨選択をする期間。さらに次の3年間は強みを深める期間とした。実際にはその通り行かず、10年目の今でも枠を広げまくっているが、ライフプランを立てることで将来に向かって自分がしていることを意味付けることができた。

入社して2年程はとにかく建築とは何をすることかを理解するのに多大な時間を要した。知らない言葉や知らない出来事だらけだった。毎日、その日あった出来事や言葉を調べ、その周辺の事象を結びつけて覚える。この繰りかえし。そのため、日常業務だけでは追いつかず、仕事漬けの毎日だった。担当案件が何軒か竣工してくると、自分が描いているこの線がどんな形になっていくのか、どんな意味を持つのかがわかり始め、楽しくて仕方なくなり、より深いデザインを追求する毎日になった。設計という職業は、終わりがない。最後は自分との戦いになる。どのようなデザインがクライアントにとって、ユーザーにとって、良いのか？　それを自問自答し続ける。寝る間を惜しんで働いたが、望んでやっていた。それは結婚してもあまり変わることはなかった。結婚式の前日ですら夜の12時をまわっても事務所にいたため、上司にいいかげんに帰れと怒られた。それぐらい、デザインが好きで、設計漬けの毎日だった。

社会人８年目、ついに子どもを授かる

２０１５年11月、ついにその日が来た。息子の誕生である。親孝行な息子は日曜日に生まれて来てくれたため、出産に立ち会うことができた。初めて我が子を抱いた時、あまりに軽いのと同時に命の重さをズッシリ感じたことを今でも鮮明に覚えている。ただ、父親としての実感はまだあまりなかった。それからの毎日は、父親ができることなんて何もなく、実家に帰っている妻と子どもに週末会いに行く程度だった。そんな生活が3ヶ月ほど続いた。事実、父親にできることは赤ちゃんを抱いて、寝かすことぐらいだ。しかもそれがまたうまくいかない。いくら泣き喚かれても乳は出ない（笑）。

実際に子育てに深く関わり始めたのは、母子2人が実家から我が家に帰って来てからだった。正直、子育てを舐めていたところもあり、かなり面食らうことになる。毎日昼間は仕事に追われ、夜は泣き声に起こされる。ほとんど寝られないのだ。こんなところで今まで鍛えた短時間睡眠が役立つとは思わなかったが、それにしても毎日は辛い。それでも、妻は息子と24時間ずっと一緒にいるので、少しでも1人になれる時間をと思い、毎晩のように息子を抱き、夜のリビングを徘徊した。赤ちゃんはとても敏感で、座ったら泣きわめく。どこかにセンサーがついているのかと思うくらい正確だ。まるで全く座れない罰ゲームのような日々だった。

本格的な育児

ある日、家に帰ると妻から1枚の紙を渡された。家事と育児のリストだ。生まれてから半年ぐらいは、育児でできることはあまりないと思っていたし、たいしてやっていなかった。妻が育休を取っていたこともあり、ほとんど任せきりで、週末を息子と2人で楽しく過ごすだけになっていた。しかし、あと半年後には育休も終わり、共働きの生活が始まる。そのため、保育園への申し込みと家事育児の分担をしようというのだ。それまで、こういった話になっても作業が見えていない私はなぁなぁで済ませていた。よくできた妻は、そのリストに家事・育児の頻度とかかる時間、作業の重さなどを記入していた。今まで見えていなかった大変さが、明確に示され、私も本格的に家事育児に参加することになった。私が担当するのは毎日の風呂掃除、朝の子どもの準備、日曜の子どもの世話である。

また、お互いが有効に時間を使えるようにお金で解決できることは、取り入れていこうということで、ルンバの購入とドラム式洗濯乾燥機が導入された。子どもが這い回るので、床のゴミが気になるのと、洗濯物の量が半端なく増えるからだ。支出額は大きいが、お互いがハッピーになれるのなら全然いい投資だったと思う。さらに、リビングに220×84cmの大きなテーブルを特注し、食事も仕事も育児も全てこの大テーブルの上でするように考えた。アイデアは仕事中だけではなく、いろんな場面で思いつく。また仕事をしているときも子どもの気配を感じていたい。そう思った時にベストな回答がこの大テーブルだった。常に家族がリビングに集い、いろんな行為が行われている。みんなが一緒に使うからテーブルはきちんと整理される。良いことだらけだ。

日々の生活と仕事はシームレスにつながっている。そのなかで、ちょっとした時間をいかに有効に使うかが育児には求められる。私の場合、お金で解決する方法と過ごし方に対する考え方を実現することは重要だった。

子育てしながら働く「1日の流れ」

子育てしている親の朝は早いと思うが、私の朝はさらに早い。朝4時起床、そして仕事。ウォー

リビングの大テーブルで仕事中。調子の良いときは隣で電卓をPCがわりに2人でお仕事

通園にも欠かせない電動自転車。荷台が多いと荷物の多い保育園の送迎時に役立つ

ムアップ代わりにメールに返信。そのあと作図やコンセプトメイクの時間。考える作業はこの時間に行うのが調子いい。7時に息子起床。朝食を食べさせる。そのあとオムツ交換し、着替え終わると8時前。そこから検温して、保育園に行く準備をして8時10分に家をでる。保育園までは電動自転車が必須。保育園に着くと着替えやオムツを補填、曜日によってはお昼寝布団のシーツ交換をして、登園完了となる。その後、家に戻り、自転車を置いて、会社に出社。19時に仕事を終え、20時には帰宅。なるべく子どもと一緒にお風呂に入ってコミュニケーションをとりたいので、この時間に帰るようにしている。21時には寝かしつけ。その後、妻と少し話をして、少し仕事をして23時には就寝。これが私の毎日だ。

家に帰って夜遅くまで働くスタイルや、朝遊ぶ時間をとり夜は会社で仕事をするスタイルなど、いろんな働き方を2週間交代で試したが、今のスタイルが一番子どもとの時間を多く取れ、仕事も快適に行えた。平日のライフスタイルが変わった結果、土日のスタイルも変わった。息子に土日なんてないので、毎日7時に起きる。そうすると私も早起きになる。朝公園に行って遊んで帰って来てもまだ9時だったりする。なんだかすごく得した気分になる。

PJをマネジメントする――朝型人間のススメ

設計者は多くの人が夜型だと思う。深夜の静寂の中でこそ、設計はドライブする。私自身もそう思い込み、体現していた。しかし、実際はそんなことはなく、早朝も快適だ。頭がスッキリしているのでアイデアは浮かぶし、確実に締め切りが来るため、作業の効率化が著しい（むしろ朝の方がいい？）。要はやり方次第なのだ。夜やるか朝やるか。その違いだけ。しかし、これができるようになるにはいくつかのハードルがある。

一つめは打合せについてだ。プロジェクトはチームで行うことが多いため、それらメンバーとの打合せの時間を合わせると夜になることが多い。その時間調整がどこまでできるかがキモになる。また打合せ時間の短縮も考えたい。事前準備をしっかり行うことで、自分が考えていること、相談したいことを、上司が判断できる情報とともに提示することで最終ジャッジだけ確認してもらい、時間通りに終わらせる。これらをまとめてできるようになることが重要だ。通称「ボスマネジメント」。これが重要になる。

二つめは協力してくれるパートナーの存在である。設計は1人ではできない。何人もの協力者がいて初めてつくり上げられる。そのパートナーを大切にしているか。お願いの仕方は適切か？　的を得たものになっているかを問い直すことが必要だ。

この二つができれば、プロジェクトをマネジメントする力は徐々に身についてくる。あとは数をこなすだけだ。ＵＤＳではプロジェクトのマネジメント権が早い段階で渡される。なので、これら二つの力は必ず求められるし、しなければならない。この仕組みがとても良かった。試行錯誤しながらでも数をこなすことで見えてくることは多い。

休日の過ごし方

平日の家事の分担は8対2の割合で妻が大きい。僕は掃除洗濯といった家事がほぼできない。その代わり、我が家では日曜は妻のフリーデーだ。平日は家事を任せっぱなしのことが多いので、日曜は妻が1人でリフレッシュする日なのだ。習い事に行ったり、趣味を楽しんだりしている。そして僕にとってその日は、息子と外で遊ぶ大切な時間である。遠出は少しハードルが高いが、都内ならどこでもいく。公園やお買い物はもちろん、（仕事を兼ねて）視察や敷地調査に行くこともある。特に家族旅行は視察を兼ねて積極的に計画する。見たいところ、泊まりたいホテルは私が決めるため、たいてい高くつくが、家族も満足するし、良い循環だと思う。子どもと一緒に行くことで今まで気づかなかったことに気づくことが多い。ベビーカーユーザーがどう感じているのか？　子どもの目線で見るとこんな風にみえるのか？　親としてはこんな場所なら連れて行きたい、などといった新たな視点ももらえている。これは仕事で企画を考える際にとても役立っている。

保活

保育園に入れるための活動、通称保活について、僕らはそもそも保育園とは何か？　ということから調べなければならなかった。区役所、保健所を駆け回り、いろんな資料を読み、その上で、児童

日曜日は妻のリラックスデー。息子とクタクタになるまで遊びつくす。一生懸命遊ぶことで、エンドユーザーとしての視点も強化‼

センターで知り合ったママ友パパ友に話を聞き、どうすれば入れるかのハウツーを教わった。家族の構成や何歳で保育園に入れるかによって条件が大きく変わるが、我が家の場合1年間は家族で育て、1歳になってから預けることにした。そうなると、2人ともフルタイムで働いていることが最低条件で、そこから、1歳の誕生日までに両親が復職していて、無認可保育園（毎月の給料の半分以上が保育園の費用になる）に通っている証明書があって、ようやく入れた。そこまでやって、第三希望。入れただけマシだが。

会社のサポート

今までバラバラと書いてきたが、こういった生活ができていたのはＵＤＳという会社の存在が大きい。ＵＤＳは子育て世代に非常に理解のある会社で、育児に対する特別な制度はないが、周りが助けてくれる雰囲気がある。男女関係なく育休が取得できるし、学童保育のように子どもを連れてくるスタッフもいる。実際に何人ものスタッフが育休をとり、そして復職している。もちろん、復職の際は今までと同じポジションで働ける前提で、あとは自分がどれだけ働けるか、相談をして決めていく。そのため、働くママ、パパがとても多い。ママ、パパは働ける時間にかなり制限があるので、とても効率よく働く。それがいい見本となって、会社全体の効率が上がっているように感じる。メールの書き方、指示の出し方、時間のかけ方など参考になる部分はとても多い。働く時間について、私が今のスタイルを確立したのは上席の女性が早朝に仕事をしていると聞き、自分も挑戦してみようと思ったのがきっかけだ。

また、育児をしていると一番大変なのが、子どもが病気の時だ。保育園に預けようにも預けられない。どちらかが家で面倒を見なければならないのだが、私の場合、打合せがない限り、在宅勤務をさせてもらっていた。打合せも社内ミーティングやクライアントの了承がある場合はｗｅｂ会議としていた。本当に助かった。

独立後——自分の時間をゆっくり有効に

独立してからの生活は、自分で時間管理がしやすくなるものだと思っていたが、実のところそんなことはなく、対応できるのが自分しかいないため、より大変になった感が強いが、長期休暇などを自分で調整できるのはとても便利だ。

今まで縁のなかった保育園だが、子どもができて、いろいろ見学すると、こうなったらもっと運営しやすいだろうにとか、子どもはこっちの方が良いのではというアイデアがたくさん出てくる。一度、区の保育園に提案したが、愛想笑いをされて、何も採用されなかった。それでも懲りず、1日保育士体験に参加したり、コミュニケーションを取る中で、やっぱりこうしたほうがいいと発信していると、なんと知り合いからの紹介で保育園を設計することになった。場所は盛岡とちょっと遠いが、新築とリノベーションの2件を受注している。運営者と一緒につくっていけるこの環境はとても楽しく、ありがたい。

そのほか受けている仕事はホテル・ホステルの設計や旅館の再生、オフィスのデザイン監修、学生寮の設計やプロダクトデザインと多岐にわたる。プロジェクトを横断的に行うことで、それぞれのアイデアが相互に影響し、ディベロップすると感じながら、いろんな人と繋がり仕事をしている。

会社は1人だが、数人の建築家とパートナーを組み、物件の特性に合わせてコラボレーションするパートナーを変えている。このようなつながりを今後もっと広げて、少人数でもチームとして大きい一つのユニットを形成したいと考えている。そのユニットで、教育施設と宿泊施設を中心に据えて仕事をしていきたい。

私が選んだ総合建設業（ゼネコン）という職場で

矢野香里《やの　かおり》

㈱奥村組

1981	22歳	28歳	30歳	32歳
岐阜県生まれ	㈱奥村組入社	結婚	第一子出産	第二子出産

▶TL

建物（モノ）づくりの近くで設計がしたい

学生の頃、自分の描く図面がカタチになることに実感が伴わず、建物（モノ）づくりの最前線に一番近い場所で働きたいと思っていた私は、設計と施工を同一会社で行う総合建設業（ゼネコン）への就職を希望していた。ただ、女性がゼネコンでどのように働けるのか、全くイメージが湧かなかった。

ゼネコンの中で奥村組を選んだきっかけは、会社説明会。質疑の際、私の「出産後も働けますか」との質問に、当時の人事担当者は一瞬面喰ったようだったが、「出産した総合職の女性職員はまだいないものの、今後、女性職員の増加に伴い、必ずそのような局面がやってくるので、ぜひ皆様がパイオニアとして道を切り開いてください」と説明してくれた。「この会社なら働けるかも」と思った。

あの説明会から15年、現在、私は建築設計部に所属し、２人の息子を育てながら働いている。私の就職と同時期に、建築設計部に導入されたフレックス制度が、とても働きやすい制度であることを実感する毎日だ。

これまでは集合住宅などの住宅設計をメインに担当した。最近では、都内の商業施設の統括設計者、意匠設計者としてプロジェクトの実施設計、工事監理、内装監理も担当した。

ゼネコンの設計部門は、施工部門と連携しながらプロジェクトを進めるので、施工に関する意見やアドバイスを設計に反映できる環境にある。実現したい課題を、腹を割って一緒に考えられる相手がいるというのは心強い。譲れないことや厳しい局面があるのも事実だが、切磋琢磨してスキルを磨ける。そういう意味で誤解を恐れずに言えば、ゼネコンでの設計は一番過酷である一方、一番守られている環境ではないか、と感じる。

仕事に没頭した20代——現在の基盤

意匠設計担当として採用されたが、入社1年目には現場の施工管理を経験し、その後は、集合住宅などの実施設計、他用途の企画設計や改修案件なども担当した。法規やコストの制限への対応等、多種の業務を一つひとつ覚えるなか、建築士取得のための勉強にも取り組んだ。20代の頃のプライ

〈キュープラザ二子玉川〉実施設計、工事監理、内装監理を担当
（2017年竣工、所在地：東京都世田谷区）

ベートな思い出を語れと言われると「…。（ほとんど思い出せない）」といった具合に仕事に没頭していた。そんな私も結婚し、30代になって出産した。妊娠するまでは、図面の作成やチェック、打合せなど、実際に手を動かし時間をかけて、自分で納得がいくまで徹夜も厭わず突き詰めていた。今思えば、入社後からずっと何かに追われるかのように焦っていたのかもしれない。恐らく、出産し子育てが始まったらゆっくり仕事に取り組める時間がなくなることを無意識に予感し、迫りくるタイムリミットに追われていたのだろう。復帰後はスタイルを変えながら働いているが、どっぷりのめり込んだこの時期の経験が、現在の仕事の基盤になっていることを感じる。

現在のスタイル

入社8年で長男を出産、その2年後に二男が生まれ、今では多くの働くママたちと同じく私もほぼ毎日、時間が来たら保育園のお迎えへ向かう。お迎えの時間までに仕事を終えられない忙しい時期もあるので、夫とは常に携帯アプリでスケジュールを同期し、出張や夕方の会議情報は、逐一ラインで即報告！　即調整！

ファミリーサポートさんやプロのシッターさんにも、週に2回、保育園から習い事の教室までの送迎をお願いしている。仕事帰りに習い事の教室へ直接向かうだけなので、これは助かる。夫が勤務する会

登園の様子。登園の分担は仕事の状況に応じて臨機応変に。朝は夫が担当することも多い

社に用意されている割引サービスなどの福利厚生も、しっかり活用している。

それでも、お互いの繁忙期と子どもの様々な流行病等による長期療養が重なることがある。そんなときはおばあちゃんの出動。この緊急出動で何度も危機を乗り越えてきた。新幹線で駆け付けてくれるフットワークの軽さに感謝。仕事を持つ夫の両親も休日に子どもの行事で支援が必要な際には、新幹線で駆け付けて協力してくれる。

料理は元々好きなので食材配達サービスを上手く利用しながら、徐々にバリエーションを増やしスピードアップしてきた。週末や夕食づくりに併せて、副菜になりそうな常備菜を作りおきしている。平日はメイン1品作っている間に、お味噌汁を作り副菜とサラダを盛り付け、1汁3菜が最短15分で完成。出産前に先輩から「子育てが始まったら家事力はアッ

子どもが生まれてからは季節ごとの行事を大切にするようになった。秋にはお月見のためのお団子作り（左）。冬には手作りのアドベントカレンダーを飾り、クリスマスまで指折り数える（右上）。七夕の飾りつけも手作りで。我が家の夏にはクリスマスツリー並みの七夕飾りが出現する（右下）

プするから大丈夫」と勇気づけられたが、その言葉は本当だった。夫も週の半分は夕食の時間には帰宅する。まだ子どもの食事に時間がかかるので、途中から合流しても一緒に食べ終え、その日、その後のタスクに合わせて入浴や寝かしつけなど、自ら担当してくれる。

こんな慌ただしいなか、6歳と4歳の息子たちは、お互い大好きなのに、近づくと小競合いを始める日々。いろいろ手間を掛けさせてくれる2人だが、やっぱりわが子はカワイイ！

普段のお休みは、兄弟の習い事を夫婦で手分けして対応。その合間に全力で遊ぶ！近くには意外と立派な公園が多く、助かっている。また、両親ともモノを作るのが好きだと自然に工作道具は揃うもので、雨の日は親子そろって黙々と工作やお絵かきをしていたりする。

6年かけて到達した〝当事者意識〟と〝我が家スタイル〟

我が家の子育ては、夫婦で協力体制を組むスタイルで、このスタイルを模索し始め今年で6年目になる。最初、特に乳児期は母親が対応する方がスムーズに進むこともあり、家事・育児をする比率は夫より私の方が圧倒的に多かった。ただ育休中から、いわゆるワンオペ育児にならないよう、おむつ替えや入浴など、分担できることを徐々に夫に任せるようにした。現在は、朝の家事も夫が担当している。

夫が当事者意識を持って育児に参加することで、私もスムーズに仕事復帰することができた。今では自他ともに認める立派なイクメンの部類に属すると思う（笑）。そんな我が家スタイルは寛容で、ゆるいスタンス。

・一旦任せたら相手のやっていることは見ない
・許容できないことがあれば、改善策を少しだけ助言する
・「ありがとう」　感謝の気持ちを持つ

例えば急な早朝出勤など、朝の時間一つとっても、いつも同じではない。その時最善と思うように少しずつアレンジしてみる。とにかくやってみて、うまくいかなければ次の手を探せばいい、くらいの気持ちで。

追い込まれるうちにやっていた
――切り盛りするための仕事術

慌ただしい日々だが、子育てで感じるメリットもある。その一つは規則正しい生活になること。疲れた夜は、子どもを寝かしつけながら一緒に寝てしまうと、翌日頭はスッキリしている。深夜まで働いていた頃の慢性的な頭痛なんてどこへやら。その頭を仕事中はフルスロットルで回しているので、処理速度が上がるのではないだろうか。

私が実践している業務効率化の具体策は、

・移動時間のメールチェックや図面チェック（特に出勤中のメールチェックは、出社後すぐ仕事モードになれるのでオススメ）
・チェックしたいものをA4サイズで持ち歩く
・図面チェックは予め時間を決めて始める
・タブレット型端末を持ち歩き、打合せ直後の移動時間で議事録やToDoリストを作成する

など。

出産復帰後に勤務時間が制約されるなかで、必然的に手元に次々やってくる仕事の優先順位を厳しくつけるようになっていた。膨大に届くメールチェックは1日のなかで回数と時間を決めて、原則は見たらそ

究極の時短グッズ、鼻吸い機。我が家で一番効果を発揮した家電製品。通院の際に看護士さんは快く使い方のコツを伝授してくれた。高い投資であったが、病院での感染リスク回避と通院手間、1日に必要な回数吸引できるメリットを考えれば十分に元は取れたと思う。病院でも使われる本格仕様は6年愛用しても衰えない優れもの！

チェック用の資料。通勤や現場への電車内でチェック用に全てA4出力。A4資料と筆記用具と小さな電卓がサッと取り出せるよう、サブバックを持ち歩くのが習慣に

の場で返信。電話対応も基本はその場で解決させる。できないものは期日を決めて、自分で処理するものと協働者に任せるものと仕分ける。自分が行うものも、ジャッジや問題整理など業務の交通整理がメインなのか、作図などの手を動かす作業なのかによって対応が異なる。作業であればスケジュールをどこに組み込むか。ここまでを瞬時に判断するクセがついた。

以前は施工図について現場と長電話も多かったが（コミュニケーションを図っているという、とんだ勘違い！）、事前にメールで送付して電話では要点の伝達のみにするなど、時間の無駄遣いに厳しくなったと感じる。もちろんメールや電話でなく、直接顔を合わせて協議したほうが良い場合もある。伝達手段の選択も重要だと感じる。

どれも、こうしてみようと心に決めて始めたことではなく、どんどん作業時間がなくなり、追い込まれて気が付いたら自然にやっていた。何冊も時短テクニックや仕事術的な書籍を読んだが、所詮、他人のやり方ではしっくりせず、思いつくままやってみて自分に合う方法が生き残っている、というのが正直なところだ。

また、元々記憶力には自信があり、妊娠するまでは1年前の打合せで誰がどんな発言をしたのかまで覚えているほどだったが、妊娠中から頭がすっきりしないという変化があった。業務に支障はないものの、記憶力にも陰りがみえ、仕事のやり方を変える必要に迫られた。上司のアドバイスもあり、覚えないで済むやり方にすればいい、と考えを改め、共有サーバー内にあるプロジェクトフォルダをヒモ付けしやすいように整理し始めた。「自分が覚えなくて済むフォルダ＝他人も見やすいフォルダ」となり、協働者との情報共有につながり、復帰後役に立ったことは言うまでもない。

これまでの半分の実働時間。うち設計業務に充てられるのは体感的には従前の3分の1もあるかどうか、という程度。出産前など仕事に没頭していたときには考えられない働き方。それでも一定のパフォーマンスを継続させるために、いつ何時、私的なハプニングが起きても仕事を滞らせないよう、協働者に最低限の協力要請ができるように自分の業務を常に整理しておく、というのが産後に身に着けた処世術かもしれない。けれどもこれは、複数で協働する場合の鉄則であったりもする。今更ながら、その鉄則の大切さに気付かされた。

復帰直後はリハビリ状態

とはいえ、復帰直後は子どもの体調不良による休務や突然の呼び出しによる帰宅などで2～3ヶ月は勤務が安定しなかった。第一子のときは0歳で職場に復帰したので、半年間は不安定だったと思う。対外的な業務から外れ、図面や資料の作成などの内業を担当していた。

また、授乳や夜泣き対応で頭がすっきりしない状態が産後もしばらく続いた。そのような状態では以前のように動けず、リハビリのような状態。残業もできず、あっという間に過ぎていく1日にとまどい、最初は不安でいっぱいだった。それまでちょっぴり自信のあった法律や関連告示などの記憶もすぐに出てこない。法令集を一から引き直しながらのリハビリ状態。進めるうちに記憶が繋がり始めるのだが、やはり遅い…。

ただ、作業がスムーズにいかずイライラするかと思いきや、忍耐力だけは以前の何倍も身に着けていた。言葉の通じない赤ん坊と試行錯誤しながら対峙していた賜物だと感じる。そんな慌ただしさが続くなかで、仕事の感覚を徐々に取り戻していった。一方で、子どもも保育園に慣れる頃には活動量が増え、夜ぐっすり眠ってくれるようになり、私の体調も復活。お互いにハッピーになれた。

上司と職場に感謝

そんな私の状態を見越してか、第一子出産後の復帰直後は、従前の業務に比べ随分とハードルを下げてくれた上司の心遣いに感謝している。上司は、復帰に際しての面談や、半期ごとの面談を通して、私の状況に合わせて柔軟に業務を調整してくれた。

他にも育児休業の充実や育児フレックスなど、社会情勢に応じて子育てをしながら働く人を支援する社内制度が整ってきている。最近も2年まで育児休業が取得できるように改正がされた。私は、第一子のときには8ヶ月、第二子のときには1年4ヶ月の育児休業を取得している。

お兄ちゃんが4歳になる誕生日から登山を始め、今年で3年目。今年は弟が3歳8ケ月で、長野で登山デビュー。お兄ちゃんや従兄に励まされながら無事成功した。達成感や小さな成功体験を積み重ねてあげることも親の大切な役目だと感じるこの頃である

現在、社内には5名と少数ではあるものの、総合職の先輩女性社員が、子育てをしながら各地で様々な職種で活躍している。建設業界を代表する（一社）日本建設業連合会（日建連）では、女性が活躍できる建設業を目指して、建設業で働く女性に対し「けんせつ小町」という愛称をつけるとともに、女性にとっても働きやすく、働き続けられる労働環境の整備を推進している。建設業界全体で女性の活躍を支援する機運が高まってきており、当社でも子育て中の工事所長をはじめ、全員女性職員で構成された工事チーム「八幡ひまわり」が登場し、社内外にその活躍を展開したところ、日建連から「第一回けんせつ小町活躍推進表彰」で優秀賞を受賞するに至っている。

幸いにも私の周囲は子育てに寛容な人々が多く、感謝している。まだまだ建設業で働く女性は少数である。会社や部署によって価値観や雰囲気の違いがあるとは思うが、働く側にも今あるシステムや制度を活用して、自ら働き方を模索し続ける柔軟なスタンスが必要ではないだろうか。

大変さがクローズアップされがちな子育てと仕事の両立だが、それ以上に喜びや楽しさも感じている。私の周りの人々、環境に感謝しながら、私流に楽しみながら、子育ても仕事もやるべきことを的確に遂行できるよう、これからも積極的にアレンジを重ねて力を発揮していきたい。

三つ子と松島事務所、あるいは松島保育園

松島《まつしま》潤平《じゅんぺい》

松島潤平建築設計事務所

▶TL

- 1979　長野県生まれ
- 25歳　隈研吾建築都市設計事務所入所
- 32歳　松島潤平建築設計事務所設立
- 36歳　結婚
- 37歳　三つ子が生まれる

戸惑い、現実感、段取り

「あっ」とクリニックの先生が声を上げた。

「えっ」と思わずこちらも声を上げる。

ネガティヴなことが頭をよぎり掛けた瞬間、

「…3人いますね。三卵性の三つ子ちゃんです」

「子どもは3人欲しい、双子も楽しそう!」と言っていた妻の願いがいっぺんに叶ったが、こんな叶い方をするとは思いもよらぬ。正直、喜びよりも戸惑いの方が大きかった。朝、目覚めるたびに「夢じゃないんだな、」と夫婦で言い合った。

精神年齢の低い自分が父になることすら現実味がないのに、いきなり3児の父になろうとは。何をどう構えればいいのか、いまいちイメージが湧かない。しかし次の検診で、三つ子それぞれの異なる心音が診療室に鳴り響いたとき、ベタな感動の波が押し寄せ、まぎれもない現実であることがようやく身体的に実感できた。その時、彼らを迎え入れるために何をするべきか、ということへ頭が回り始めた。

まず多胎に関する情報を集め、環境整備を始めた。三つ子となればさすがに体験談のブログが色々とヒットする。掲載されている写真を見て「こんなにお腹デカくなるんだ…」と恐れおののき、妻は毎日お

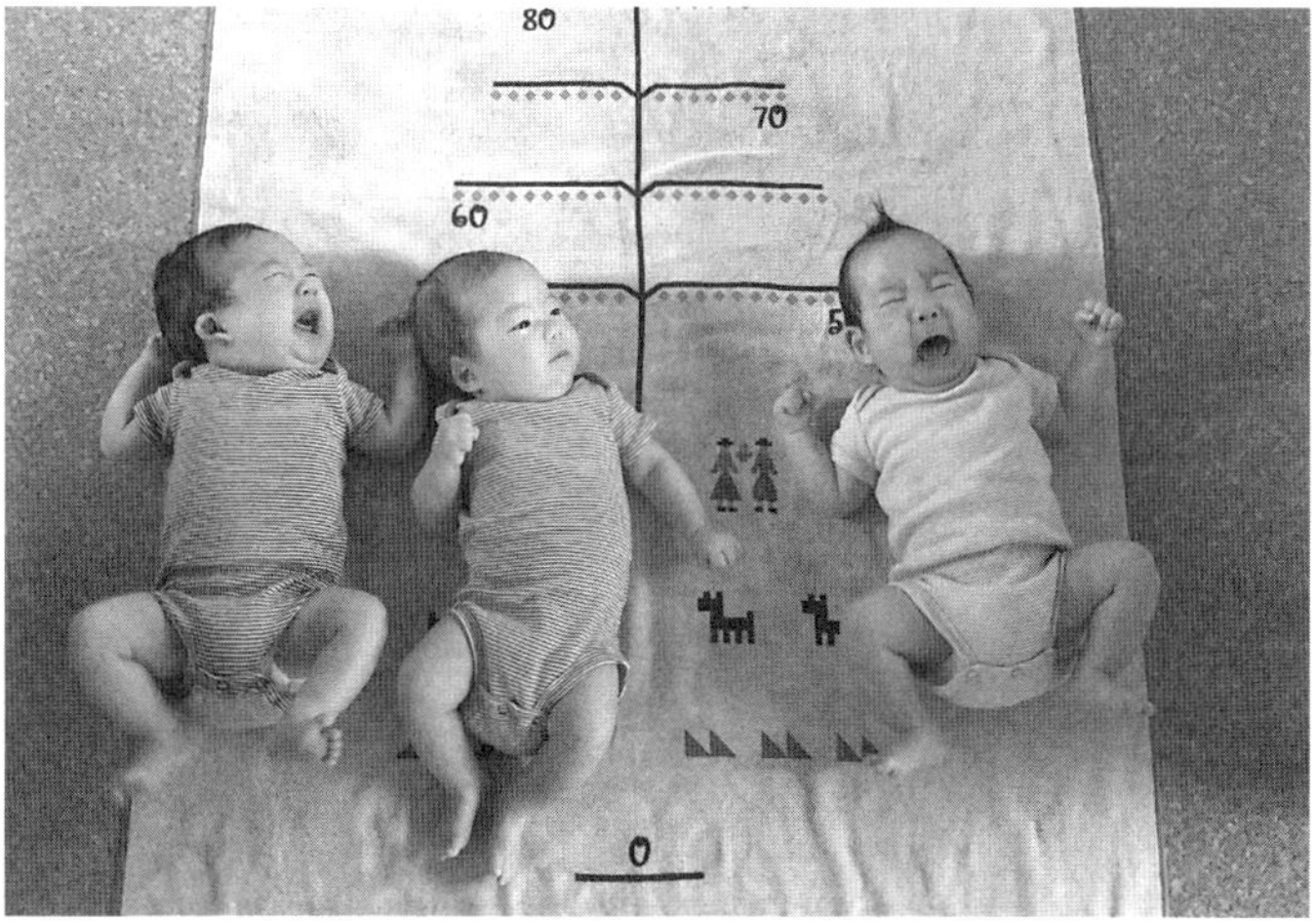

生後３ケ月頃の三つ子たち。左から長男、長女、次男

腹にぐりぐりクリームを塗りたくった。

住まいは１２０㎡ほどの2階建ての一軒家を友人の建築家、藤井亮介さんとシェアしていた。藤井さん夫婦が1階、我々夫婦は2階。ＤＩＮＫｓの気ままで楽しい生活を2年ほど続けていたが、藤井さんが独立するタイミングとも重なったため、一棟丸ごと借りて1階を松島事務所、2階を自宅、もとい「松島保育園」とすることにした。親であるとともに、保育士のように振るまわないと対処できないだろうと、そんな名称を半分冗談、半分本気で口にしていた。

保育園といえば、妊娠中になるべく見学へ行くようにした。出産予定日は4月だったが、早産の帝王切開で3月以前の生まれとなることが予想された。そうなると1歳からの入園になる。1歳から3人そろって同じ園に通うためには、保育園のキャパシティ、距離、高低差、環境といった情報を産前に把握しておく必要があった。

先を読んで行動を起こす、いわゆる「段取り」の能力向上が「大人になること」だと大学時代に建築設計を学んで知ったが、生活にまつわるあらゆる物事の段取りを常に意識し、自然と行うことが「親になること」かもしれない。ちょっと先の未来を見据え続ける日々のなかで、そんなことを思った。

レイアウト、名前、人格

妻は妊娠中に切迫流産と診断されてしばらく休むこともあったが、26週まで勤務を続け、34週で管理入院、品胎の目標週数を超えた35週で出産、と極めて順調な出産プロセスであった。妻強し。妻がんばった。合計6kg以上は母体に厳しいということで、それぞれが2kg手前まで成長した3月初旬に出産することとなった。帝王切開術は合計20人ほどの医師とインターン学生がずらりと並ぶ物々しい雰囲気だった。

妊娠後期は検診するたび三つ子のレイアウトが変化して、妻のお腹のどこに誰がいるか判然としなかった。出産時は1分おきに取り出されたので序列はないに等しいのだが、その時のレイアウトで、男の子2人は長男か次男かが決まってしまう。事前に名前は決めていた。ただ、「お腹のここにいる子がこの名前」ではなく、長男はこれ、長女はこれ、次男はこれ、という決め方にしていたので、取り出される順番で男の子の名前は簡単に入れ替わる。今となっては、もうその名以外にあり得ないと思えるほど、それぞれの子の音読の響きと人格が一致しているように思えるのだが、あのわずかなタイミングで名前が入れ替わっていたかもしれない。そうなると彼らの人格も変わったのだろうか。多胎ならではの不思議な感覚だ。

姿を現した三つ子たちは驚くほど小さかった。一人ひとり妻と傍らにいる僕のもとへ運んでもらった。長男は肺呼吸に不慣れで人工呼吸器を付けておとなしくしている。長女は片目だけ開いてこちらを静かに見つめ、差し出した指を強く握り返してきた。次男は今と変わらない大きな泣き声を上げ続けていた。

ルーティン、効率、記録

産後1週間で妻は退院、三つ子たちは約1ヶ月の間GCU（強化回復治療室）にて体重増加を待ちながら、様々な検査をしたり経過を見ることとなった。この退院の日数差3週間のうちに、部屋のレイアウトを変え、コストコやIKEAへ育児に必要なものを買い出しに行き、しばらく行けなくなるであろう焼肉屋や串焼屋で暴飲暴食する等、せわしなく準備を進めて覚悟を決めた。病院に毎日母乳を届けて、授乳や沐浴の練習も行った。退院前日には院内外泊して三つ子たちと一晩過ごす訓練をした。そうして桜満開のなか、三つ子たちが我が家へとやってきた。

生後3〜4ヶ月までは昼夜問わず3時間ごとの授乳が必要で、これが大変だった。ミルクを作り飲ませてゲップさせておむつを替えると1人に15分は掛かる。15×3＝45分。哺乳瓶を3本洗って消毒してまた寝る態勢になるまでプラス15分。つまりトータル1時間。すると1ターンの睡眠時間は2時間。あくまでもスムーズにいった場合である。これを3セット繰り返すと朝になる。何かしらで三つ子の起きるタイミングがずれると、常に起こされ続けてまとまった睡眠が取れない。一晩まったく眠れない日も度々あった。

妻と僕とで1日ごとに夜の世話係を交代し、当番の日は三つ子のベッドを並べたリビングのソファで寝て面倒を見た。当番でない日に「今日は寝室でぐっすり眠れるんだ」と思えることでずいぶん救われた。そんななか、ゴム紐を付けたU字型の枕に哺乳瓶を固定して飲ませる「セルフ飲み」のテクニックを妻が開発した。3人同時に授乳できるので30分短縮できる。ミルクの温度にも好みがあり、次男には温かめに作るとスムーズに飲んでくれる、長女には若干流量の少ない乳首で飲ませた方がいい、長男はセルフ飲みが得意、と性格の把握によっても効率は上がった。誰に何時にミルクを飲ませたか、いつ排便したか、体重は何グラムか、といったことがとにかく混濁するので、日誌に細かく記録を付けることも大事な作業だった。トライ&エラーを繰り返し、情報を共有しながら、より良い世話方法の模索を続けた。

スケジュール、タスク、地獄の三重奏

これまで献身的に育児しているように書いたものの、プレゼン前や図面提出前の厳しい時期には夜の世話係を連日妻にお願いせざるを得なかった。前年から宮古島でプロジェクトがいくつか動き始めたことや、地方都市への出張も多く、早朝に現場へ出かけることもたびたびあるため、決して等価にやれていたとは

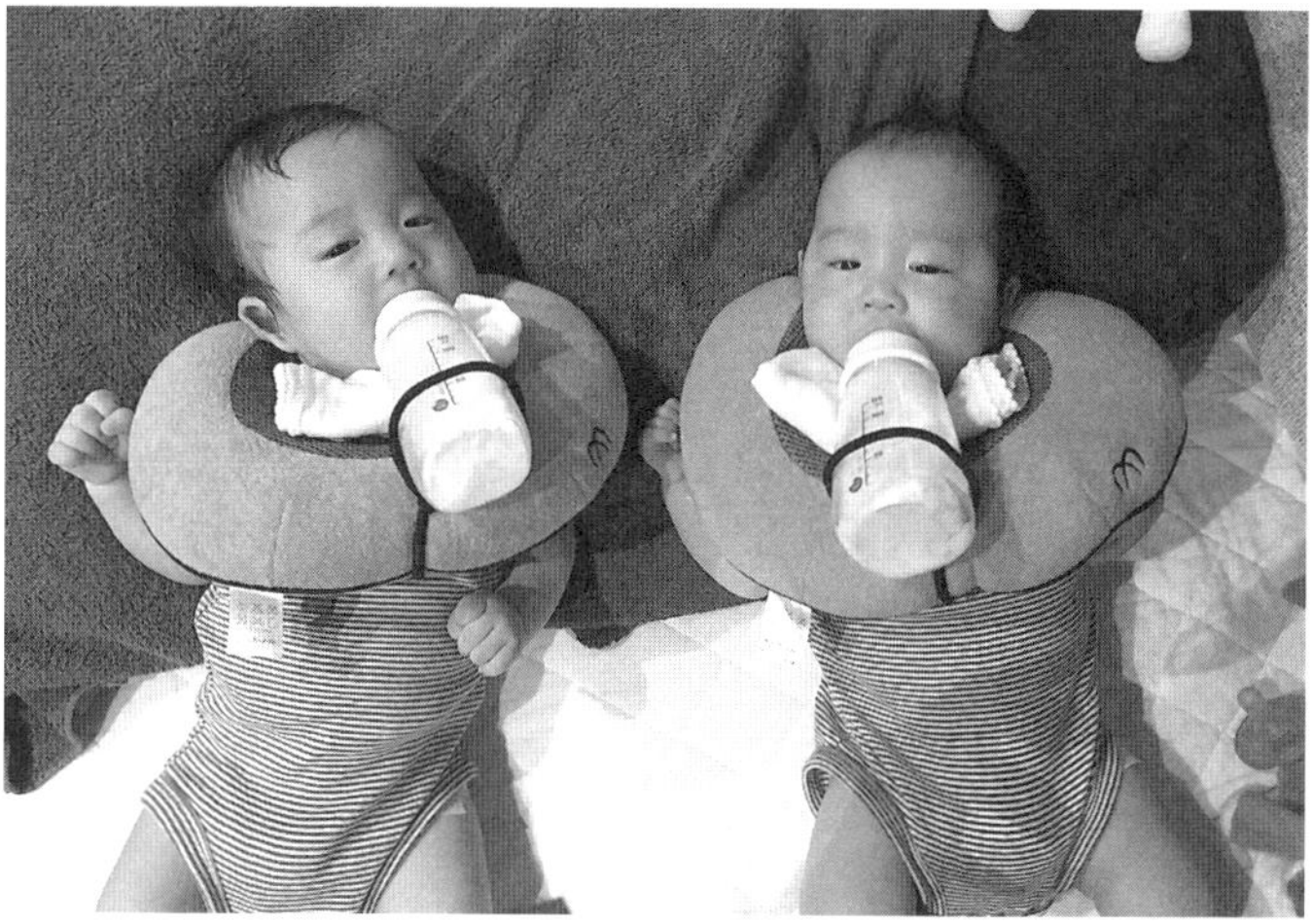

哺乳瓶を固定してハンズフリーで授乳できる「セルフ飲み」。これで３人同時に授乳が可能となった

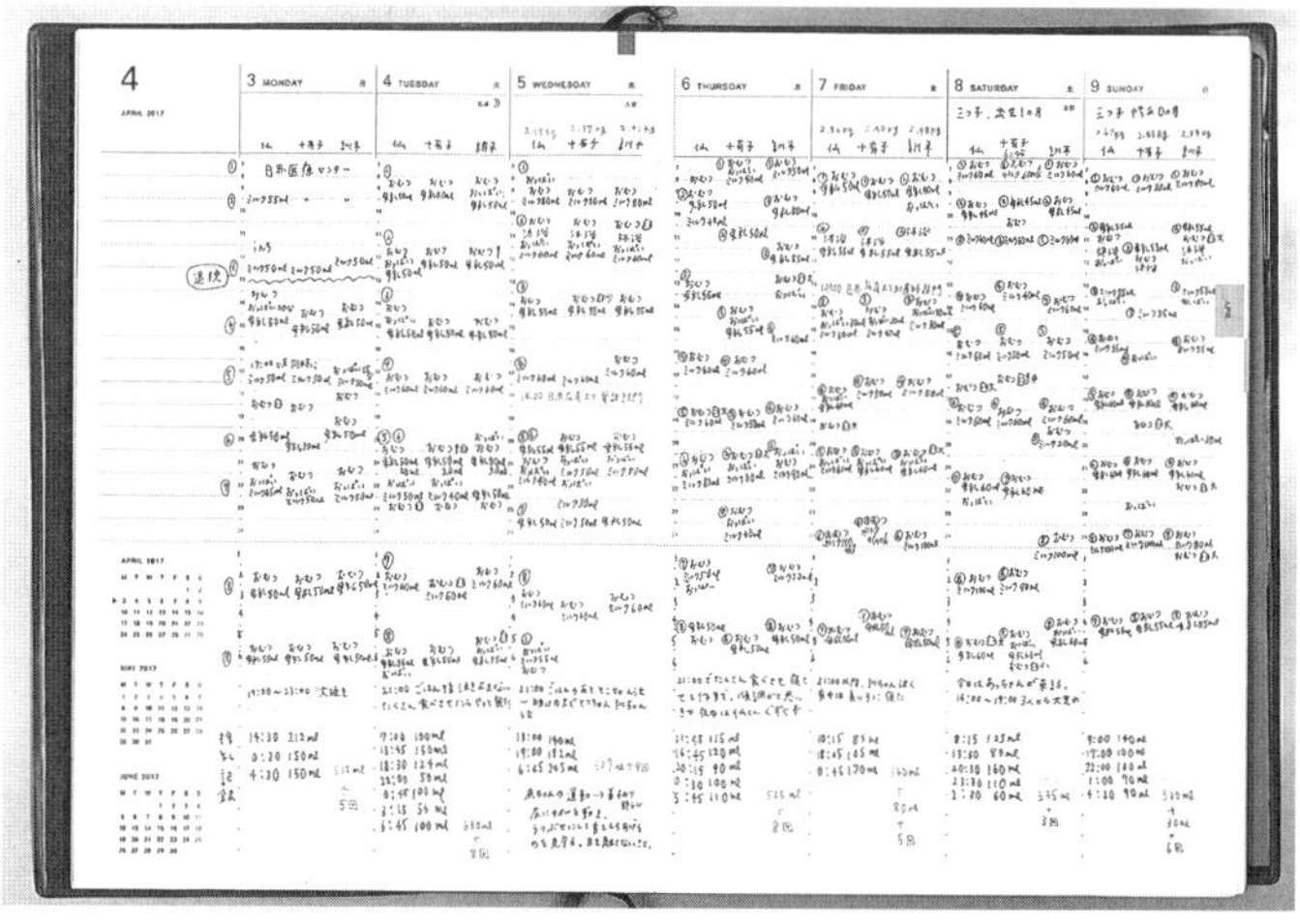

三つ子の育児日誌。それぞれの授乳、排便、おむつ替えの時刻や飲んだミルクの量、体重変化などを逐一記録。一望すると規則性がなんとなく見えてくる

言えない。余裕のある時は極力世話係を担当したものの、負担のバランスは悪かった。

生後4ヶ月頃から三つ子たちは長時間寝てくれるようになり、いまは21時半頃から朝8時頃まで、すやすやおねんねマンである。おかげで家族全員寝室で一緒に眠れるようになった。しかし日中は打合せや非常勤講師の勤めもあって外出気味、夜にスタッフたちと打合せを行った後、メールの返信、原稿、自分で担当している複数のインテリア系プロジェクトの図面を描いたりしていると、ついつい深夜3時頃まで1階の事務所に居ずっぱりとなる。誰かが夜泣きした時には、抱っこ紐に収納しながら図面を描くこともあった。不思議とそうするとすぐに泣き止み寝てしまうのだが。

妻も三つ子を寝かしつけてからは洗濯、部屋の片付け、離乳食の仕込み、生活用品の購入、メー

宮古島で進行中のホテルプロジェクト（作成：松島潤平建築設計事務所）

ル返信等で午前3時頃までタスクが続く。しかし妻が仕事復帰して保育園に通わせる時期になるとこうしてはいられない。早く朝型生活へシフトすることが目下の課題である。

そのためにはスタッフを増やして僕が指示係に徹する必要があるのだが、インテリアやリノベーション案件は経験に基づく即興的な判断やクオリティを伴うスピードが求められるため、安易に任せられない。これもトライ&エラーを繰り返して軌道修正していくしかないだろう。

仕事をしていると、よく2階から泣き声が響いてくる。打合せ中も聞こえてくるのでお客さんからツッコミが入ることは少なくない。複数の泣き声が響くと「実は三つ子で…」と切り出さざるを得ない。ちなみに泣き声の特徴で、誰が泣いているかはすぐわかる。1人だけならば「まぁすぐ対処されるだろう」とそのまま仕事を続けるが、たまに3人同時ギャン泣きという地獄の三重奏が降り注いでくる時もある。

そんな妻1人の手に負えない状況ではヘルプの連絡が携帯に入ったり、自主的に様子を見に行く。何かあった時にすぐに駆けつけられる2階建ての住戸は、つくづくベストであると実感するが、事務所のキャパシティは限界に近い。自宅と事務所をどの時期で切り離すかも、常々思い悩んでいる。

サポート、サービス、体重増加

これまでの話がなんとか成立しているのは、実のところ我々夫婦の他に協力してくれる方々がいるからである。まず第一に大きな存在が、妻の両親。僕の地元は長野県、妻は大阪府で、日常的な手伝いを期待できないことが問題だったのだが、なんの奇跡か、今年度から偶然妻の父が東京に転勤となり、徒歩3分ほどのマンションへ越してきてくれた。おかげで平日は妻の母が出勤するように朝10時頃から夜20時頃まで三つ子たちの世話を一緒にしてくれている。また僕の母は超ベテラン幼稚園教諭なので、こと教育面において数十年の経験に基づく多大なアドバイスをもらっている。家事については週2〜3日の頻度で区の妊娠出産時家庭ホームヘルプサービスを利用しており、ホームヘルパーの方に我々の食事を2食分ほどまとめて作ってもらっている。なるべく育児に時間を割きたい妻にとって、大きな負担軽減となっているようだ。

食材、生活用品、育児用品、模型材料や文房具等のオフィス消耗品はほぼ宅配サービスとネットショッピングで済ませている。毎日頻繁に宅配業者が来訪する。そうなると今度は運動不足となり、ヘルパーさんの豪華な食事と相まって、三つ子を差し置いて自分の体重が成長曲線をはるかに超えて増加してしまうという深刻な問題が浮上している。

外出、コント、流れ作業

休日はなるべく外出して、自宅に籠りがちな三つ子たちへ新鮮な情報を与えたいとは思っているものの、離乳食、授乳、おむつ替え、着替え、持ち物整理、三つ子たちに日焼け止めを塗り、ツインバギーに2人セット、抱っこ紐に1人セット、夏は保冷剤をシートに仕込んで…とやっていると準備に最低2時間は掛かり、また荷物も膨大になるのでハードルが高い。その分、友人たちが頻繁に遊びに来てくれて、三つ子たちに良い刺激となっているのでありがたい。
それでも展覧会や内覧会等、外へ出る機会はたびたび訪れる。上下移動がエレベーター縛りだと鉄道施設はとたんに巨大迷路と化す。移動時間はこれまでの倍は見込まないと狙った時間にはたどり着かない。いかに幼児連れの家族が都市社会においてマイノリティかを思い知らされているが、どう工夫してクリアするかを考えるのが嫌いではないので、一方的な不満は持たず、歩み寄る意識を忘れないようにしたい。

ほっこりするのは、とにかく話し掛けられることだ。高齢者の方はかなりの確率で声を掛けてく

一戸建ての住戸の1階を事務所空間に改修。様々なマテリアルのモニタリングもしている。写真の2室に加えてもう1室、模型製作スペースがある

る。エレベーターで乗り合わせると、ツインバギーを見て「あら、双子ちゃん?」と言われ、もう1人を抱っこしている妻か僕が「いいえ、三つ子です」と答えるコントがほぼ毎回行われる。デパ地下で買い物した時は、お客さんどころか店員さんまで店舗から出てきて我々を取り囲み、パニック状態になり掛けたこともある。

帰ってくると大概夕方。休日は夫婦だけでタスクをこなすため、離乳食を食べさせることとお風呂に入れることはできるかぎり協力している。お風呂は工場の流れ作業のようだ。主に浴室で洗う係を担当しているが、1人目を洗い終えそうなタイミングで「そろそろあがるよ~」と声を出し、それを聞いた妻が2人目を裸にして浴室へ運び、受け渡して交換、僕は2人目を洗い始め、妻は1人目をタオルで拭いて保湿クリームを塗り寝巻に着替えさせる。これを3回繰り返す。僕が出る頃には75分くらい経過している。

18時頃から離乳食→授乳→夫婦のご飯→お風呂→授乳→読み聞かせ→寝かし付け、で大体21時半。そこから妻は家事に取り組み、僕は1階で平日に終わらなかった業務を進める。こんな時間からずるずると仕事ができてしまう自宅兼事務所という環境は良いのか悪いのか。もろもろ終えて就寝前に歯磨きしながらPCでマンガを読むのが至福のひとときだが、止まらなくなって2時間以上磨いていることもある。

洗礼、繁昌、喜び

思えば、3人の子どもに対して同じタスクを繰り返すことは、年の差のある兄弟に対して異なるタスクを行うよりも効率的な側面はあるだろう。そんなこんなでルーティンの精度向上を楽しみつつなんとかこなしてはいるもの、果たして僕は仕事と育児を両立していると言えるんだろうか。

今、生後9ヶ月の三つ子たちは加速度的に好奇心旺盛になり、あちこちズリバイしてつかまり立ちをし、色んなものを触っては口に入れて、物の形と挙動をひたすらに理解しようとしている。そんな彼らの姿は喜ばしい一方で、動く範囲が広がり、できることが増えるほどに必要なリスクヘッジも増加していく。不本意ながらバリケードで領域を制限せざるを得なかった。

また、先日三つ子たちが全員初めての風邪を引き、我々夫婦も見事に感染。さらには最重量の長女を朝起こしてベッドから持ち上げ、リビングの床に置いた瞬間、猛烈なギックリ腰をやらかして丸3日寝込んだ。風邪の治り切っていない妻に負担が集中し、厳しい事態に直面した。三つ子育児の洗礼といった具合である。

来年度からは妻も仕事復帰となる。保育園への三つ子の送迎方法や道具は鋭意検討中だ。朝型へシフトするためにはスタッフとの打合せ時間を見直す必要があり、共働きとなる以上フラットにタスクを担当するべく、僕自身の労働時間は大幅に短縮せざるを得ないだろう。外の世界に触れれば病気をもらってくることも多いだろうし、不安要素は後を絶たない。

それでも品川駅で声を掛けてくれた三つ子を30歳まで育て上げた札幌のビッグママや、諸先輩方からいただく「ある程度育つとお互い協力し合って楽になるよ」というアドバイスを力に、その時を楽しみに待ちつつ、今、目の前から少しだけ先にある問題を一つひとつクリアしていくつもりだ。していくしかない。

バリケードにへばりつく三つ子たち

三つ子のおかげで出会いが増えていることは確かだ。縁が増えれば思考の幅は広がり、当然ながら仕事の幅にも影響する。この振幅の激しい状況を授かったことこそを財産と捉えたい。人、物、事、すべての変数が激増・多様化していることに、〝繁昌〟〝豊穣〟といった真っ当なおめでたさ・喜びを感じている。

単なる三つ子育児よもやま話になってしまったかもしれないが、改めて建築設計と絡めて言えることは、与条件に対する先読みの想像力と段取り力の鍛錬こそが重要ということだ。また、道具の使い方や組合せを工夫しながら、ルーティンの効率や精度を上げていくことは、設計行為そのものと言っていい。職場や自宅の環境のみならず、状況にまつわるあらゆる物事をデザインしていくことの一例として捉えていただけるならば幸いである。

普通のことを
普通に願えるように

吉川史子《よしかわふみこ》

㈲横内敏人建築設計事務所

▶TL

1969 京都府生まれ

22歳 ㈲横内敏人建築設計事務所入所

25歳 結婚

30歳 第一子出産

34歳 第二子出産

子育ての副産物

すっかり大きくなった子どもたち、高校2年生の長女（17歳）と、中学1年生の次女（13歳）は、自らどこへでも出かけていく。休日もそれぞれに予定があり、家族で遊びに行く機会はずいぶん少なくなった。子どもが親と一緒に行動しなくなって、私たち夫婦は伝統建築巡りを共通の趣味に、いろいろなところへ出かけている。

一方、家族揃って家で過ごしているときには、子どもは学校生活やクラブ活動などの話をいっぱい話してくれる。その楽しそうな様子を聞くと、私も再び青春気分を味わうことができる。これは子育てのすてきな副産物だと思う。

建築の仕事を志して

事務所に入所して26年、長女を出産してから17年。私が子育てをしながら建築設計の仕事を続けてこられたのには、いくつもの偶然が重なっていたと思うが、特別なことをしてきたというよりは、淡々と普通のことを続けてきたように思う。

学生の頃は、芸術系の進路を選択し、何か物を創る仕事、かつ長く続けられる仕事に就きたいと思って

長女８歳、次女４歳の頃。朝食はいつも家族揃って

いた。ただ、絵画やデザインの世界で勝ち抜けるほどの才能が自分にあるとは思えなかったので、大学では現実的な線でインテリアデザインを専攻、勉強するうちに住宅に関わる仕事がしたいと考えるようになった。建築設計という職種を選んだもう一つの理由には「独立が可能なので子どもをもっても、自分のペースで仕事を続けることができそうだ」ということもあった。

卒業後は一旦、リフォーム会社へ就職したものの、売上げばかり追いかける仕事のやりかたに入社して早々嫌気がさし、じっくり考えて建築をつくる仕事がしたいと思うようになった。そんなときに、恩師である横内敏人氏が事務所を立ち上げるタイミングで声が掛かり、事務所スタッフとして働き始めることになったのだ。

１９９１年当時、社会にはまだバブル景気の影響が残っていて就職活動は売り手市場、同級生たちには景気の良い商業系のデザイン会社、ハウスメーカー、意匠設計事務所に就職する人が多かった。建築業界自体も、バブルの名残で各地に施設が建設されていたので、設計事務所はどこも忙しく、所員を募集しているところがたくさんあった。「設計事務所はどこも忙しいから綺麗な字さえ書ければ就職できるよ」なんて聞いたこともあったくらいだ。

しかし、職場の環境はハードで、帰りは終電、泊まり込みも日常的、人手不足から学生がタダ働きしているという話もよく聞いた。そんなブラックな環境が常態化している多くの設計事務所で、女性スタッフが子どもを産んで産休・育休を取り、働き続ける事例は皆無に近いことだった。

一方、横内事務所はさいわいにもバブルの影響を受けることなく、その後の不況の時代も少ない仕事を繋いで存続してきた。スタッフが私1人きりのさみしい時期もあったが、そのおかげで私は横内から木造建築の美しい架構と内と外を繋ぐ開口部を大事にした設計を充分な時間をかけて教わることができた。この経験は私にとって大きな宝物となっている。

横内事務所の仕事の進め方

横内敏人建築設計事務所は1991年設立、99年に京都市の東山の山裾に建てた木造のアトリエに移転すると同時に法人化した。現在のところ木造住宅を中心に1年に10件ほど竣工させている。動いている仕事の半

〈桂坂の家〉育ち盛りの3人の男の子がすこやかに育つようプランニングされた家
（1993年竣工、所在地：京都市、撮影：畑亮）

〈桂坂の家〉内観。桧150角の通し柱が2275mmピッチで建つ、力強い木構造
（撮影：畑亮）

事務所にて。所長の横内と施工中の住宅の打合せ

分が関西、もう半分の現場は全国各地に分布している。

山の中にあるアトリエなので自然豊かな環境で仕事ができるが、日が暮れると、イノシシやシカがアトリエ廻りをうろつき、遭遇の危険がある。そのため所員は夜遅くまでの残業をできるだけ避けて、その代わりに朝早めに仕事を始めるようにしている。

また事務所では設立当初より現在も、手書きで図面を引いている。最近では一部の物件はCAD化しているが、どちらにしても設計図書は一般図の他に詳細図をたくさん描いて、施工者に設計の意図をしっかり伝えることを大事にしている。そのため、一つの物件につき何ケ月も図面を描き続ける時期があって、マラソンのように持久力が要る。それでも事務所は基本的に泊まり込みや徹夜をしない方針なので、その時々で最も忙しいスタッフを数人でフォローする体制を組んでいる。現時点でスタッフは13人、そ

〈(宗)神慈秀明会千葉支部〉宗教団体の礼拝施設。1500㎡近い施設の担当は初めてで、コンペから竣工まで4年かかった（2016年竣工、所在地：千葉市、撮影：小川重雄）

のうち9人が女性（うち2人が子持ち）、4人が男性。アトリエ事務所としては女性の比率が高い。

スタッフには20年以上勤めているアソシエイト・アーキテクトが私を含めて2名いる。私は横内を補佐する立場にあるため、建築の設計監理の他、会社の総務、経理や新規顧客への対応もしている。未だに経理関係の数字はよく理解できないものの、リアルな経営状況をいつも把握しているため、どうしたら仕事のクオリティを落とさずにもっと利益を出せるのか、効率的に仕事が進むのか、などを考えながら設計業務を行うようにしている。

特に子どもをもってからは残業でカバーすることができないため、仕事を要領よくやることは必須だった。長女が生まれたころにはＪＷcadが普及し出したので、図面をＣＡＤ化して効率を上げたいと思った。幼い子どものいる家でトレーシングペーパーの製図は難しいが、CADなら子どもが保育園を休んで出勤できないときも家で仕事ができ、都合が良いと思った。しかし、横内事務所では、職人が手作りする木造住宅において、手描き図面の方が設計意図が伝わるとの方針で住宅でのCAD化は見送られ、結局、私の仕事がCAD化できたのは2013年にRCの宗教施設を担当した時からだった。

製図の手段は何であっても、私は時間をかけて大量の図面を描くことができないので他のスタッフに比べると図面枚数は少ない。しかし図面を描く目的は、「現場に設計意図を伝えることである」と割り切り、限られた図面枚数と現場指示書でできるだけ的確な情報を伝えるようにしている。併せて、施工者選びは大切で、何度も付き合いのある施工者とは意思疎通がとてもスムーズで、私が設計監理をする上で大きな助けになっている。

子持ち所員第一号

横内事務所で働き始めて10年目の2000年に長女を出産。その直前で私は一級建築士を取得し、横内事務所は現在の事務所に移転、所員の数はそれまでで一番多くなっていた。

入所当初は社員として出産したり、育休を取れるとは思ってもいなかったので、社員として社会保障制度に守られて出産できたことはとてもありがたかった。仕事を続けることにも迷いはなかったものの、当時は子持ち所員として働き続けるスタッフは私が初めてで、他の設計事務所でもそんな例を聞いたことがなかったので、復帰してからの仕事の仕方がイメージできず、不安な気持ちはいっぱいだった。

働き続けるための軌道修正

産休後5ケ月の育休を取り、長女は生後7ケ月から左京区の保育園に通うことになったのは良かったが、送り迎えと通勤の往復にかかる時間がだんだん負担になっていった。当時、住んでいた伏見区の自宅から夫の職場と私の職場、どちらにも車で約40分。私は長女を事務所よりも遠い保育園へ一旦送ってから出勤していたのだが、自宅から保育園までは早くて40分、渋滞すると1時間以上かかる。1歳の子どもを毎日往復2時間弱、車で送迎するのは親子ともにきつかった。特にチャイルドシートを嫌がってぐずる子をなだめながら家に帰る頃には、2人ともへとへとに疲れていた。そんな行き帰りも含め、慣れない子育てと仕事の両立が辛く、夜泣きする子どもと一緒に泣いていたこともあった。

この時、なんとか少しでも負担が小さくならないかと、夫と相談した結果、北区にある夫の実家の隣に引っ越すことにした。今度は自宅と職場の中間地点に保育園があり、送迎の負担はそれまでの半分に、しかも夫の母には家事や育児を助けてもらえて、格段に負担が減り、ありがたかった。

職場では子どもの保育園送迎を配慮して、できるだけ京都市内の物件を担当させてもらった。また2歳になるくらいまでは、30分時短で18時迄に保育園にお迎え。2歳を越えると延長保育を利用し18時半迎え、

長女4歳、次女10ヶ月の頃。この後、次女のイヤイヤ期が3年ほど続いた

帰宅はだいたい19時過ぎ。子どもをもつ前も1日に1時間残業するかどうかで繁忙期には残業が増えるような働き方であったが、子どもをもってからは繁忙期も関係なく残業できない働き方となってしまった。保育園送迎を始めたころは、自分がスタッフの誰よりも早く退社し、無理のできない働き方をしていることに、いつも後ろめたい気持ちがあった。それでも2004年には次女が生まれ、4ケ月から長女と同じ保育園に通った。

会社員で同業だった夫は、できるだけ保育園から帰る時間を目指して帰ってきてくれた。帰宅後、私と夫で晩御飯係と洗濯物係に別れて、子どもの相手をしながら家事をこなす。義母には毎日、洗濯物を取り入れてもらい、御飯のおかずも提供してもらって助けられたが、それでも家に帰ってから子どもが寝るまでは息つく暇もなかった。このペースで毎日を回しながら、だいたい月1回は子どものどちらかが熱を出し、登園できない日があった。特に長女は熱を出しやすく、何度かこじらせて入院した。子どもが病気になると、まず夫と相談して私、夫、そして義母の3人で体制を組んで何とか回す。おかげで病児保育やシッターはお願いせずに済んだ。

両立できた理由その1：イクメン夫と回りの協力

私が何とか子育てと仕事を両立してこられたのは、いくつかの理由があったと思う。一つにはまず、夫も家事育児を担い、夫婦二人三脚でやってきたことが大きい。

会社勤めだった彼は、長女が小学校に入る年に独立して設計事務所を始めた。自宅での開業だったので、小学校に入った長女が学童から帰宅するときは夫か義母が受け入れてくれる。義母は私が帰るまでの間、長女をみながら、洗濯物の片付けなどをしてくれていた。私と次女は相変わらず19時過ぎの帰宅だったので、ほぼ毎日の晩御飯を夫が作ってくれた。この生活は現在も続いており、家事も育児も子どもの将来の話し合いも、全て夫婦2人でやってきた。

夫自身は全く家事育児をしない父親を見て育っているのだが、自身が父親となってからは、父母関係なく親として家事育児をするのが当然と考えてくれていた。私はそんな夫に感謝の思いが尽きないが、子どもたちはこの父が世の中の父親のスタンダードだと思って育っている。

ピンチ

そんな私の同志である夫が、脳出血になって倒れたのは2008年、長女が小2で次女が3歳の時だった。幸い命は取り止めたものの、病院に運ばれて面会したときには言葉が話せず、右半身が全く動かなくなっていた。夫自身も私も起こっていることが理解できず、ただ絶望していた。入院2日目の病院のベッド上で、夫はやっと出てきた少しの単語で「設計事務所を続けたかった」と、私に無念を訴えた。

この時点では夫がどこまで回復するかは全くわからなかったので、私はこれから介護生活が始まることを覚悟した。もちろん今の仕事は続けられないだろうし、3階建ての今の家にも住めないだろう、どうなっていくのか闇の中だった。

〈朱い実保育園〉病気から復帰した夫が手がけた保育園の改修。娘2人が通っていた（2016年竣工、所在地：京都市、撮影：ビューティフルワークス㈱石田博紀）

夫の入院翌日に横内ともう1人のアソシエイト・スタッフがお見舞いに来てくれた際、夫の病状と私が今後、仕事を続けられるかどうかわからないことを話した。横内は「若いからきっと回復するだろうし、あなたが仕事を続けられるかどうかは今考えなくてもいいよ」と思い詰める私を励ましてくれた。

夫の入院から半月たった頃、私は病院、保育園、職場、家をはしごする毎日で心身共に弱っていた。休日も夫の病院へ行くため子どもをみることができなかった。そんな時に保育園の親しい保護者たちが、娘2人を遊びに連れて行ってくれたこともあった。

同じころ、仕事では担当物件の実施設計の締め切りが迫っており、最後の1週間は職場のスタッフ全員が手伝ってくれた。締め切り日には私が残業で次女を保育園に迎えに行けないため、先生が特別に自宅で次女をみてくださり、晩御飯もお風呂もいただいていた。義母には長女と一緒に居てもらい、こうやって周りの人に目いっぱい助けてもらって、切り抜けた。その後の夫の復活の話はそれだけで物語が書けるので割愛するが、夫は懸命のリハビリと周り方々の支えで今も設計事務所を続けている。

両立できた理由その2：上司がイクボスであった

私が働き続けられたもう一つの理由は、所長がイクボスだったこと。長女の妊娠を所長に報告した時もお祝いの言葉とともに「子どもを産んでも事務所を続けてくださいね」と言われた。それは所長の子育て経験によるところから来ていた。

私が入所したころは所長の娘さんがまだ2歳くらいで、バイオリニストとして活動されている奥様がレッスンなどで娘さんをみられないときは所長が早めに帰って娘さんをみておられた。また、娘さんが小学校の頃には放課後に事務所の所長の机の横で宿題をして過ごされたりしていた。当時の所長は今で言う「イクメン」で、その子育て経験は設計にも生かされていた。入所して私が初めて担当した「桂坂の家」では、育ち盛りの男の子3人の生活を考えたプランニングで、家族全員のクローゼットを1階の洗面所とダイニングの近くに集めることで、世話をする両親の動線ができるだけ短くなるよう計画されていた。そのころまだ結婚していなかった私は所長がきめ細かに子育てに配慮した設計もできることに深く感動したのである。今では私自身も、育児や生活者としての体験を住宅設計に生かすことができている。

両立できた理由その3：長時間労働が必須ではなかった

そして、多くの設計事務所とは異なり、横内事務所では長時間労働が奨励されなかった。所長はアメリカで働いていた経験から、仕事の時間とプライベートな時間、どちらも大事だという考えであった。常日頃、スタッフには「設計者が心身ともに健康的な生活をしていないと、豊かな住宅設計はできない」と言っている。そのため、横内事務所では連日終電か泊まり込みというような働き方はあり得なかった。もし、そうでなかったら、私は子育てと両立することができなかっただろう。

子どもが成長してきて思うこと

次女も小学生となり、保育園の送迎がなくなった２０１１年頃から、再び遠方の物件も担当するようになった。多くはないが残業もしている。千葉の現場を担当していた2年間は、月2回ほど、日帰りまたは1泊で出張にも行っていた。出張の日は早朝に出て終電で帰ることが多いので、よく次女には「また千葉に行くの？」とぼやかれたし、全ての家事が夫任せになることも心苦しかった。その建物が竣工した時は完成の喜びも大きかったが、同時にもう出張しなくていい、という安堵の気持ちも混ざっていた。

26年間、私は偶然にも環境に恵まれてきたと思う。だけど、ものをつくる仕事に就きたい、結婚して子どもを育てたい、仕事を続けたいと願うことは、本来、特別なものではないだろう。むしろ多くの人にとってはごく普通の願いではないだろうか。これから建築を学び仕事にする人たちには、家族を持ち、子育てをしながら仕事を続けることが偶然や珍しいものではなくなるよう、社会や環境が変わってほしいと思う。

今、私のもっぱらの気がかりは長女の進路のことだ。とはいえ、彼女は親が思っている以上に将来について真剣に考えているようなので、私たち親は子どもの夢が叶うよう黒子となってもうしばらく支え続けたい。そして、子どもたちには周りの人たちへの感謝の気持ちを常に持ち続けることを伝えたい。

今日は コマリちゃん、
これで寝るわ。
大工さんの
ドライバー風
おもちゃ

おわりに

正直なところ、執筆者の方たちから充実した生活が垣間見える文章や写真が届くたびに、落ち込んでしまう自分がいたことを白状しよう。皆さんの輝く毎日を垣間見て、凸凹な自分の生活とつい比較してしまったのだ。でもよく読めば、それぞれに想わぬ変化、苦労があり、それに対して様々な工夫をして日々を乗りこなして来たことが伺える。キラキラした部分が目についた読者がいたら、私のように少し気持ちを落ち着けて、読んでみていただきたいと思う。

私の章を読まれた読者には信じてもらえないかもしれないが、こう見えて私は、子育ては母親が頑張らないといけない、という呪縛に囚われていた一人だ。離乳食をせっせと手作りしていたし、食事の用意を完璧にできなければ出張など行ってはいけない、ような気がして、最初はかなり無理をしていた。最近は、完璧にできないことを悟り、出張の際も、帰りが遅くなる時も、夫に食事の用意まで任せて出かけられるようになった。

その意味でも、今回男性に登場していただいたのは、とても良かったと思う。母性ならぬ父性に溢れた父親たちの奮闘ぶりを見て、お母さんじゃないとできないことって、産むことと母乳くらいだな、と改めて思うのだ。それすら今後の科学の進歩でどうなるかわからない。だから世の女性たちに声を大にして伝えたい。子育ては男性に取って代わられちゃうかもしれませんよ、と。

今の日本は、どうやら健康で標準化された大人のための国になってはいないだろうか。子どもの声が騒音だと保育園の建設に反対運動が起きる。障害者や高齢者の施設は管理を理由に閉ざされ、地域との関係が希薄なものもある。迷惑をかけてはいけないという強迫観念が蔓延し、生きづらい。他人に不寛容な社会と言えるかもしれない。

誰にも共通する人生の成功モデルなど存在しない。子どもがいる人生も、いない人生も、結婚してもしなくても、個人の自由だし、様々な偶然の産物でしかない。健康な時もあればいつ病気になるかもわからない。生まれたばかりの命もあれば、当然みんな歳もとる。そんな自分の力ではどうしようもない人生を、互いに寛容になって、受け入れられる社会になればと思っている。本書が、その一助になれば幸いだ。そして、数年後、こんな本が必要だったんだなぁ、と懐かしく想われる時代がくるといいと思う。

本書は、自身も3人のお子さんの母として、仕事をしながら子育てをされている学芸出版社の井口夏実さんの存在無しには実現しなかった。1年前に出版した『シェア空間の設計手法』も担当していただいたが、この3年間、公私ともに様々なサポートや励ましもいただいた。この本はまさに2人3脚の成果だ。

最後に、いつも一緒に頑張っている事務所のみんな、私の自由な生き方を応援してくれる両親、深い理解のもと支えてくれる夫、そして仕事に出かける私に、拗ねた顔をして手を振ってくれる息子に、心から感謝している。ありがとう。

2018年1月

成瀬友梨

〈編著者〉

成瀬友梨（なるせ ゆり）

1979年愛知県生まれ。2007年東京大学大学院博士課程単位取得退学。同年成瀬・猪熊建築設計事務所共同設立。2010～2017年東京大学助教。地域・ライフスタイル・コミュニケーションという観点から建築を考え、シェアをキーワードに設計を行う。シェアハウス・イノベーションセンター・アートスペース等を手がける。主な編著書に『シェアをデザインする』『シェア空間の設計手法』等

〈著　者〉あいうえお順

アリソン理恵（ありそん りえ）

1982年生まれ。2010年東京工業大学大学院博士課程単位取得退学。ルートエー、アトリエ・アンド・アイ勤務を経て、2015年tecoを金野千恵と共同設立。主な作品に〈幼・老・食の堂〉〈二連旗竿地の住宅〉等

勝岡裕貴（かつおか ゆうき）

1983年生まれ。2009年千葉大学大学院修士課程修了。同年㈱リビタ入社。一棟丸ごとリノベーションマンションの企画、中古マンションの買取再販事業の仕入・企画担当として従事。主なプロジェクトに〈リノア元住吉〉〈リノア大宮〉〈ルクラス碑文谷〉〈R100TOKYO [有栖川ホームズ]〉等

木下洋介（きのした ようすけ）

1978年生まれ。2003年東京工業大学大学院修士課程修了。同年金箱構造設計事務所入社。2011年木下洋介構造設計室設立。2013～2016年工学院大学非常勤講師。2017年～芝浦工業大学非常勤講師。第27回JSCA賞新人賞受賞（〈オガールベース〉）。主な構造設計作品に〈ちぐさこども園〉〈坂の上テラス〉〈オガールベース〉〈天童市子育て支援施設 げんキッズ〉等

杉野勇太（すぎの ゆうた）

1984年生まれ。2011年京都大学大学院修士課程修了。同年㈱日本設計入社。研究施設、大学施設、大型複合プロジェクト等を担当

鈴木悠子（すずき ゆうこ）

1979年生まれ。2003年東京工業大学大学院理工学研究科建築学専攻修士課程修了。2003～2009年㈱環境エンジニアリング勤務。2009年～㈱三菱地所設計勤務。主な担当物件に〈大手町パークビルディング〉等

瀬山真樹夫（せやま まきお）

1972年生まれ。2004年芝浦工業大学博士課程満期退学。2010～2016年カームデザインスタジオ勤務、2017年～R.G DESIGNに参加。主な作品に〈蓮根マンション〉〈浜田山三丁目サロン〉等。主な編著書に『建築設計資料集成 [居住]』等

杤尾直也（とちお なおや）

1983年生まれ。2008年東北大学大学院修士課程修了。同年UDS㈱（旧㈱都市デザインシステム）入社。建築の設計のみならず企画にも携わる。2017年UDS㈱退職、㈱to-ripple（トリプル）設立。主な担当作品（UDS㈱在籍時）に〈ホテル アンテルーム京都〉〈ホテルエディット横濱〉〈新宿グランベルホテル〉〈ミッフィーカフェ釜石〉等

豊田啓介（とよだ けいすけ）

1972年生まれ。建築家。1996年東京大学工学部建築学科卒業。安藤忠雄建築研究所を経てコロンビア大学建築学部修士課程修了。SHoP Architects（New York）を経て、2007年～東京と台北をベースに建築デザイン事務所 noiz を蔡佳萱と共同主宰（2016年～酒井康介もパートナー）。2017年建築・都市文脈でのテクノロジーベースのコンサルティング・プラットフォーム gluon を金田充弘、黒田哲二と共同主宰。コンピューテーショナルデザインを積極的に取り入れた制作・研究活動を、建築を中心にプロダクトから都市まで分野を横断しながら展開している

永山祐子（ながやま ゆうこ）

1975年東京都生まれ。1998年昭和女子大学生活美学科卒業。1998～2002年青木淳建築計画事務所勤務。2002年永山祐子建築設計設立。主な作品に〈LOUIS VUITTON 京都大丸店〉〈丘のある家〉〈ANTEPRIMA〉〈カヤバ珈琲〉〈SISII〉〈木屋旅館〉〈豊島横尾館〉〈渋谷西武 AB 館 5F〉〈小淵沢のホール「女神の森セントラルガーデン」〉等。主な受賞にロレアル賞奨励賞、JCD デザイン賞奨励賞、AR Awards（UK）優秀賞、ARCHITECTURAL RECORD Award、Design Vanguard2012、JIA 新人賞等

馬場祥子（ばば さちこ）

1979年生まれ。2002年名古屋工業大学社会開発工学科卒業。同年大和ハウス工業㈱本店建築事業部設計部入社。設計施工の部署にて、主に企業の工場・倉庫・事務所・老人福祉施設等に携わる。現在はホテル・物販店舗・診療所の複合施設や機械工場の物件に携わっている

松島潤平（まつしま じゅんぺい）

1979年長野県生まれ。2005年東京工業大学大学院修士課程修了。2005～2011年隈研吾建築都市設計事務所勤務。2011年松島潤平建築設計事務所設立。2012年～東京工業大学大学院博士課程在籍。2016年～芝浦工業大学非常勤講師。主な作品に〈育良保育園〉〈Le MISTRAL〉〈Triton〉等。主な受賞に〈2016年日本建築学会作品選集新人賞〉〈2015年度グッドデザイン賞〉等

萬玉直子（まんぎょく なおこ）

1985年生まれ。2007年武庫川女子大学卒業。2010年神奈川大学大学院修了。同年オンデザイン入社。2016年～オンデザイン・パートナーチーフ。主な作品に〈大きなすきまのある生活〉〈隠岐國学習センター〉〈まちのような国際学生寮〉等。主な著書（共著）に『建築をひらく』『オンデザインの実験（2018年2月出版予定）』

三井 祐介（みつい ゆうすけ）

1977年生まれ。2001年東京工業大学工学部建築学科卒業、2004年同大学院修了。同年㈱日建設計入社。都市開発、大規模複合施設、商業施設、オフィスビル、学校施設等の設計を担当。主な担当プロジェクトに〈東京スカイツリータウン〉〈灘中学校・高等学校〉〈赤坂センタービル〉〈ホソカワミクロン新東京事業所〉等

矢野香里（やの かおり）

1981年生まれ。2004年京都工芸繊維大学工芸学部造形工学科卒業。同年㈱奥村組入社。2004年6月～2005年3月同社工事部にてマンション建設の工事管理に携わる。2005年4月～同社設計部にてマンション等の設計等を行う。現在は商業施設やオフィスビル等の設計を担当

吉川史子（よしかわ ふみこ）

1969年生まれ。1990年京都芸術短期大学（現京都造形芸術大学）インテリアデザインコース卒業。リフォーム施工会社を経て、1991年（有）横内敏人建築設計事務所入所。主な担当作品に〈桂坂の家〉〈若王子のゲストハウス〉〈宗教法人神慈秀明会千葉支部〉等。主に木造住宅を担当している

子育てしながら建築を仕事にする

2018 年 2 月 10 日　初版第 1 刷発行

編著者………成瀬友梨
著　者………アリソン理恵・勝岡裕貴・木下洋介・
杉野勇太・鈴木悠子・瀬山真樹夫・
杤尾直也・豊田啓介・永山祐子・
馬場祥子・松島潤平・萬玉直子・
三井祐介・矢野香里・吉川史子
発行者………前田裕資
発行所………株式会社学芸出版社
〒 600-8216
京都市下京区木津屋橋通西洞院東入
電話 075-343-0811
http://www. gakugei-pub. jp/
Email info@gakugei-pub. jp
装　丁………minna
挿　画………田村なつみ
http://www.instagram.com/rakugaki2017
DTP 組版………㈱ケイエスティープロダクション
印　刷………イチダ写真製版
製　本………新生製本

ISBN978-4-7615-2668-9　　Printed in Japan